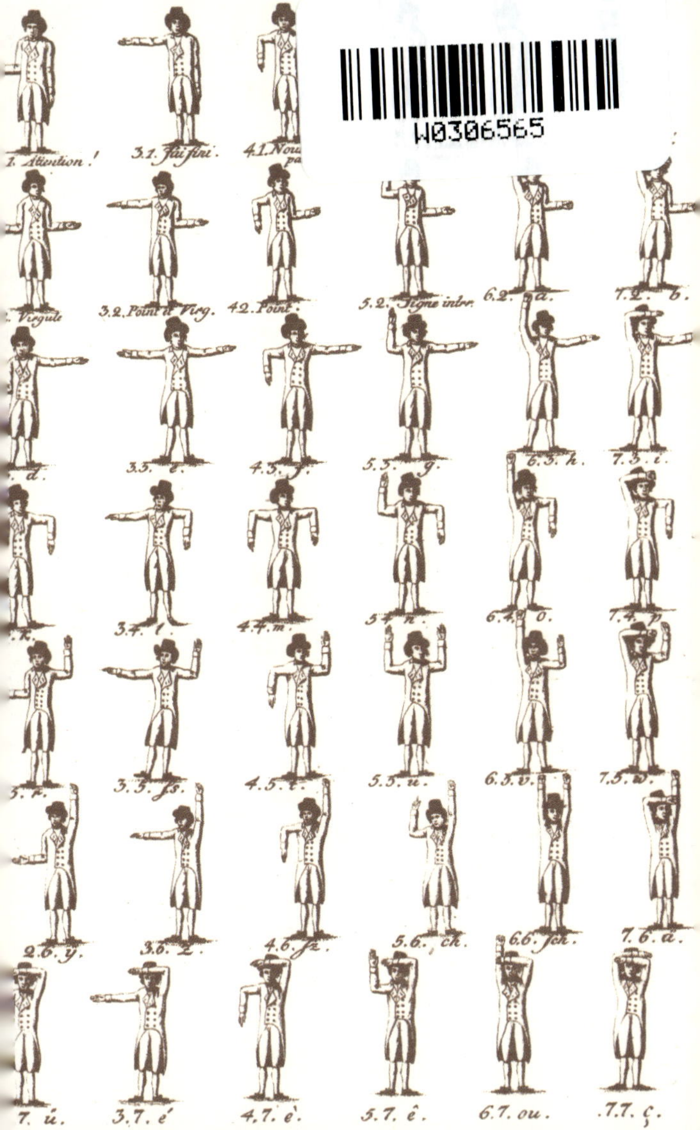
1. Attention !
3.1. J'ai fini.
Virgule
3.2. Point et Virg.
4.2. Point.
5.2. Signe intrr.
6.2. a.
7.2. b.
d.
3.3. e.
4.3. f.
5.3. g.
6.3. h.
7.3. i.
k.
3.4. l.
4.4. m.
5.4. n.
6.4. o.
7.4. p.
r.
3.5. fs.
4.5. t.
5.5. u.
6.5. v.
7.5. w.
2.6. y.
3.6. z.
4.6. fz.
5.6. ch.
6.6. sch.
7.6. a.
7. ú.
3.7. é
4.7. è.
5.7. ê.
6.7. ou.
7.7. ç.

Edition
Die Barque

I

Dieter Vierus

Seesignale

Vom Angriffssignal
zum Internationalen Signalbuch

Impressum

Seesignale
Vom Angriffssignal
zum Internationalen Signalbuch
von Dieter Vierus

Herausgeber: Peter Krampe/Edition Die Barque
Layout: Katja Rüppell
Druck und Bindung: Merkur Druck, Norderstedt

ISBN 3-88412-361-0

Inhalt

Vorwort

Kreuzfahrtschiffe im Flaggenschmuck, Sturmmasten an den Hafeneinfahrten oder der ferne Ton eines Nebelhorns erinnern noch an jene Zeit, als Schiffe ohne Funk auf die See hinausfuhren und akustische und optische Signale das einzige Mittel waren, um Nachrichten zu übermitteln.

Heute, im Zeitalter des Satellitenfunks und der elektronischen Warn- und Sicherungssysteme muten diese Methoden vergangener Zeiten simpel und primitiv an, doch zu ihrer Zeit waren sie das Ergebnis vielfacher innovativer Bemühungen. Sie widerspiegeln das Bestreben, die Schifffahrt sicherer zu machen und die Schiffe aus ihrer Anonymität auf See herauszuführen.

Schon in frühesten Zeiten träumten Menschen davon, sich über größere Entfernungen miteinander verständigen zu können. So „erfand" Homer (um 800 v. Chr.) in seiner „Ilias" den Stentor, „dessen Ruf laut tönte, wie der fünfzig anderer Männer", und Herodot von Halikarnassos (um 484 bis 425 v. Chr.) erzählt in seinem Geschichtswerk, dass sich im Heer des Xerxes ein

Krieger befand, dessen dröhnende Stimme den Istros (Donau– d. A.) an seinem Unterlauf überspannte. Tacitus (um 55 bis 120 v. Chr.) hielt es für bemerkenswert, dass die Germanen ihren Schild an den Mund hielten und so ihr Kriegsgeschrei verstärkten, und für Diodorus Siculus (um 80 bis 29 v. Chr.) war eine akustische Nachrichtenverbindung des Xerxes (um 519 bis 465 v. Chr.) erwähnenswert, bei der sich Sklaven, die in Rufweite voneinander aufgestellt waren, die Nachricht zuriefen und diese dreißigmal schneller ihr Ziel erreichte, als wenn Boten sie befördert hätten.

Über größere Entfernungen lassen sich Nachrichten nur übertragen, wenn ein geeigneter „Träger“ zur Verfügung steht und die Nachricht so verschlüsselt wird, dass der Träger sie auch „transportieren“ kann. Die Hörweite für die menschliche Stimme ist begrenzt. Werden andere Schallquellen als die menschliche Stimme benutzt, um die Reichweite zu vergrößern, muss die Nachricht umgeformt werden und der Empfänger muss wissen, nach welchen Regeln der Absender die Nachricht verschlüsselt hat. Der Ton des legendären Horns Alexanders des Großen (356 – 16.März 323 v. Chr.) rief die Heere zusammen und der klagende Ton des Horns Olifants, „man hörte den Widerhall auf dreißig Meilen“[1], kündete vom nahen Tod des sterbenden Roland und soll, wie die Legende

[1] Rolandlied, Leipzig 1972

berichtet, von Kaiser Karl in seinem Lager wohl vernommen worden sein. Bereits um 1500 benutzten die Araber das Sprachrohr, um die menschliche Stimme in größeren Entfernungen hörbar zu machen, und um 1516 wurde unter den Kalifen das arabische Heer durch Blasen eines Horns zusammengerufen.
Sein Ton war noch in einer Entfernung von 100 Stadien (= 18,2 km) zu hören. In unwegsamen Gebieten wurden Nachrichten schon immer akustisch übermittelt. So berichten Afrikaforscher, die im vorigen Jahrhundert das Innere des Kontinents erforschten, dass sie bei ihren Entdeckungsreisen vom dumpfen Dröhnen der Trommeln begleitet wurden.
Eine Übertragung von Nachrichten mit Hilfe optischer Quellen über die einfache Sichtweite oder darüber hinaus war schon im Altertum bekannt. Für bestimmte Nachrichteninhalte wurden vorher Zeichen vereinbart. Das Lichtzeichen, welches der wartenden Klytemnästra in Argos den Sieg ihres Gatten Agamemnon vor Troja über viele Stationen anzeigen sollte, war vorher verabredet worden. Dass Aischylos (etwa 525 bis 456 v. Chr.) die Übermittlung der Siegesbotschaft in seinem Drama „Agamemnon" dichterisch breit schildert, kann ein Beweis dafür sein, dass eine optische Übertragung von Botschaften weit vor der Zeitenwende eine durchaus gebräuchliche Methode war.

Viertes Buch Mose. Zehntes Kapitel. Vers 1–12

Und der Herr redete mit Mose und sprach: ¶ Mache dir zwei Drommeten von getriebenem Silber, daß du sie brauchest, die Gemeinde zu berufen und wenn das Heer aufbrechen soll. ¶ Wenn man mit beiden schlicht bläst, soll sich zu dir versammeln die ganze Gemeinde vor die Tür der Hütte des Stifts. ¶ Wenn man nur mit einer schlicht bläst, so sollen sich zu dir versammeln die Fürsten, die Obersten über die Tausende in Israel. ¶ Wenn ihr aber drommetet, so sollen die Lager aufbrechen, die gegen Morgen liegen. ¶ Und wenn ihr zum andernmal drommetet, so sollen die Lager aufbrechen, die gegen Mittag liegen. Denn wenn sie reisen sollen, so sollt ihr drommeten. ¶ Wenn aber die Gemeinde zu versammeln ist, sollt ihr schlicht blasen und nicht drommeten. ¶ Es sollen aber solch Blasen mit den Drommeten die Söhne Aarons, die Priester, tun; und das soll euer Recht sein ewiglich bei euren Nachkommen. ¶ Wenn ihr in einen Streit ziehet in eurem Lande wider eure Feinde, die euch bedrängen, so sollt ihr drommeten mit den Drommeten, daß euer gedacht werde vor dem Herrn, eurem Gott, und ihr erlöst werdet von euren Feinden. ¶ Desgleichen, wenn ihr fröhlich seid, und an euren Festen und an euren Neumonden sollt ihr mit den Drommeten blasen über eure Brandopfer und Dankopfer, daß es euch sei zum Gedächtnis vor eurem Gott. Ich bin der Herr, euer Gott. ¶ Am zwanzigsten Tage im zweiten Monat des zweiten Jahrs erhob sich die Wolke von der Wohnung des Zeugnisses. ¶ Und die Kinder Israel brachen auf und zogen aus der Wüste Sinai, und die Wolke blieb in der Wüste Pharan.

Akustische Signale im Alten Testament (Die 92 Holzschnitte der Lübecker Bibel aus dem Jahre 1494, Weimar 1917)

Der Wink des Romulus mit seinem Purpurmantel, der das Zeichen zum Raub der Sabinerinnen war, gehört genauso dazu wie die "Wasseruhr" des um 630 v. Chr. lebenden griechischen Kriegsschriftstellers Aenaeas. Er hatte auf zwei in Sichtweite aufgestellten und mit Wasser gefüllten Gefäßen Schwimmer mit gleichen Markierungen gesetzt. Zu diesen Markierungen gehörten vereinbarte Nachrichteninhalte. Auf ein Zeichen hin wurde aus beiden Gefäßen gleichzeitig Wasser abgelassen, bis der Schwimmer bei der gewünschten Markierung stand. Dann wurden die Gefäße verschlossen und der Empfänger konnte ablesen, welche Nachricht ihn erreichen sollte. Jahrhunderte später benutzte Friedrich Schiller im Text seines Schauspiels „Wilhelm Tell“ das Bild vom Lichtzeichen als Mittel, eine Nachricht zu übertragen, als er Ulrich von Rudenz zum Aufstand aufrufen lässt: „Indes bewaffnet und zum Werk bereit, erwartet ihr der Berge Feuerzeichen; denn schneller als ein Botensegel fliegt, soll euch die Botschaft unsers Siegs erreichen.“[2]

Akustische und optische Zeichen standen am Anfang der Nachrichtenübertragung. Hör- und Sichtweite bestimmten die Entfernung, bis zu der Nachrichten ausgetauscht werden konnten.

[2] Friedrich Schiller: Wilhelm Tell, IV, 2

Der Begriff Signal wurde erst im 16. Jh. in die deutsche Schriftsprache aufgenommen. Sein Ursprung ist das lateinische signum für Zeichen. Der Begriff signalis, der so viel bedeutet wie „bestimmt ein Zeichen zu geben“, wurde über das altfranzösische seignal zunächst in die Soldatensprache und die Sprache der Seeleute übernommen und erst später verallgemeinert. Ein Signal erregte Aufmerksamkeit, warnte vor einer Gefahr und zeigte den Beginn einer Schlacht an. In Eggers Kriegslexikon von 1757 ist Signal ein Begriff der Kriegskunst und steht für Zeichen, „die Personen von einerley Partey einander zu geben übereinkommen, um dadurch in gewisser Entfernung die gehörigen Nachrichten einander zu erteilen.“[3] Friedrich Schiller benutzt den Begriff Signal häufig in seinen Dramen. Im Trauerspiel „Die Verschwörung des Fiesco zu Genua“ sagt er: „Wenn die Signoria versammelt ist, werden die zwölf auf das Signal eines Schnupftuchs mit einem plötzlichen Schuss gestreckt, wenn zugleich meine 200 Teutsche das Rathaus mit Sturm besetzen.“[4] Der zu seiner Zeit viel gelesene Berthold Auerbach (1812 – 1882) benutzte in einer der Fortsetzungen seiner „Schwarzwälder Dorfgeschichten“ (1843 ff.) den Ausdruck: „Ich hab schon (als Postillon- d. A.) seit vielen Tagen nichts weiter als das Signal geblasen.“ Und Ferdinand Freiligrath (1810 – 1876) erweitert den Sinn

---

[3] Eggers, J. v.: Neues Kriegs-, Ingenieurs-, Artillerie-, See- und Ritterlexikon, Dresden, Leipzig 1757

[4] Friedrich Schiller: Die Verschwörung des Fiesco zu Genua

des Wortes Signal, wenn er in seinem Gedicht „Der Löwenrittt“ schreibt: „Abends wenn die hellen Feuer glühn im Hottentottenkrale, wenn des jähen Tafelberges bunte wechselnde Signale nicht mehr glänzen.“

In die Schifffahrt wurde der Begriff Signal durch Bobrik eingeführt. Für ihn waren Signale Mittel zur Verständigung mit Schiffen. Dazu gehörten besonders das Lotsensignal, das Nebelsignal und das Notsignal. Das Bedürfnis, Signale über See geben zu wollen, lässt sich bis ins Altertum zurückverfolgen. In den Seeschlachten der Antike hatten Signale noch eine vergleichsweise geringe Bedeutung, auch wenn in den Übersetzungen der Werke griechischer Geschichtsschreiber und Kriegsschriftsteller häufig darauf verwiesen wird. Da sich die deutschsprachige Beschreibung bestimmter Ereignisse auf Wortdeutungen früher altgriechisch-deutscher Wörterbücher stützt, in denen für das altgriechische Wort „semeion“ noch die Bedeutung Signal, Flagge, Zeichen, Abzeichen angegeben ist, gab es manche Missdeutung. Flaggen sind auf den alten griechischen Schiffsdarstellungen nicht nachgewiesen. Dass Schiffe sich aber Zeichen gaben und sich durch Schiffszeichen voneinander unterschieden, kann als gesichert gelten.

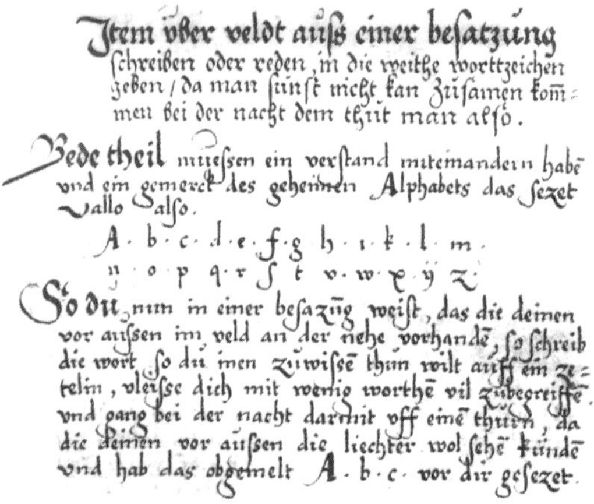
Item uber veldt auss einer besatzung schreiben oder reden, in die weithe wortzeichen geben / da man sunst nicht kan zusamen kommen bei der nacht dem thut man also.

Bede theil muessen ein verstand miteinandern habē und ein gemerckt des geheimen Alphabets das sezet vallo also.

A · b · c · d · e · f · g · h · i · k · l · m ·

n · o · p · q · r · s · t · v · w · x · y · z

So du nun in einer besazung weist, das die deinen vor aussen im veld an der nehe vorhandē, so schreib die wort so du inen zuwissē thun wilt auff ein zetelin, vleisse dich mit wenig worthē vil zubegreiffē. und gang bei der nacht darmit uff einē thurn, da die deinen vor aussen die liechter wol sehē kundē und hab das obgemelt A · b · c · vor dir gesezet.

Optische Signale aus einer Festung
nach dem Festungsbaumeister
Veit Wullf von Senfftenberg aus Danzig 1568.
Handschrift in der Sächsischen Landesbibliothek,
Staats- und Universitätsbibliothek Dresden

das verstande also. Die ersten 12 buchstaben
zeiget man mit einem liecht, nach irer zal wie sÿ
nacheinandern gond, Aber die andern 12 letsten
buchstabē der anderen
zeil, zeiget man mit
2 liechtern, da sol man
gute grosse gewaltige
liechter haben. Vnd
Jch will sezen das erste
wort in deinem zettel
so du inen zeigē wilt
heisse, Salz. So mustu
den 6 buchstaben in
der andern zeil nemē

das ist. S. so steck 2 liechter miteinander hinauss
vnd halt ein wenig still, vnd der vor vssen ist sol
dinten vnd feder bei im habē vnd papÿr, vnd der
liechter eben war nemē. So du nun die 2 liechter
hinauss gesteckt hast, so verbirge sÿ bald wider, oder
zeüch allwegen einen huth oder etwas darüber vnd
bald lasse sÿ wider sehē. das thůr also 6 maln vff
einander, vnd das letste mal halt etwas lenger
still, so mercket der voraussē, das er den .6.
buchstabē in der andern zeil sol auffschreibē.
Darnach zeüch die liechter hinein, vnd nim das
a. das ist der erste buchstab der ersten zeil, so
stecke dan nur ein liecht hinauss, vnd halt ein
weil still, darnach zeüch es wider hinein, vnd

Seinen heutigen Inhalt erhielt der Begriff „Signal“ erst in den Gefechtsinstruktionen des 17. und 18. Jahrhunderts. Im Verlauf der Jahrhunderte wuchs die Zahl der Flaggensignale und ganz allmählich vollzog sich der Übergang vom einfachen Signal zur umfangreichen Nachricht. Nach der Erfindung der optischen Telegraphie gegen Ende des 18. Jahrhunderts wurden auch Nachrichten zwischen Küste und Schiffen übertragen. Die Signalisierung mit Flaggen wurde durch an den Küsten aufgestellte Semaphore ergänzt. Über ein Jahrhundert waren sie und die Flaggen das einzige Mittel in der Seefahrt, um Nachrichten zu übermitteln. Erst als die Funktelegraphie ihren Siegeszug begann, ging die Zeit der optischen Küstentelegraphen und der Flaggensignale zu Ende. Heute sieht man nur noch selten den Blauen Peter an der Flaggleine eines Schiffes wehen. Nur die Flagge „Lotse an Bord“, die rote Flagge für „Laden gefährlicher Güter“ und die gelbe Flagge für „Alles wohl an Bord“ haben sich bis heute erhalten.

Das vorliegende Büchlein soll zeigen, welche gewaltigen Veränderungen sich im Verlauf von zweitausend Jahren im Nachrichtenwesen der Seefahrt vollzogen haben und dass viele Nationen Beiträge zum Werden und Wachsen des Signalwesens in der Seefahrt leisteten.

All denen, die durch Hinweise auf Quellen das Werden des Büchleins gefördert haben, möchte ich danken. Für die Bereitstellung von Bildmaterial und die Genehmigung zur Veröffentlichung danke ich der Bibliothèque nationale de France Paris, dem Bymuseum Kopenhagen, dem Museum für Hamburgische Geschichte Hamburg, dem National Scheepvaartrmuseum Antwerpen, dem Orlogsmuseet Kopenhagen, dem Schifffahrtsmuseum Rostock, der Sächsischen Landesbibliothek Dresden und der Tate Gallery London.

Signale über See

Frauen und Kinder, die den zum Fang auf See hinausfahrenden Fischern nachwinkten und von ihren Fahrten heimkehrende Schiffer, die den am Ufer wartenden Familien ihre Rückkehr durch Winken und Rufen anzeigten, mögen die ersten gewesen sein, die so, wenn auch bescheidene, Nachrichten übermittelten. Auf dem Meer waren Boote und Schiffe allein. Ohne Verbindung zum Land verloren sich ihre Spuren in der Weite der Ozeane. Sie begegneten einander nur selten und wenn, waren sie meist so weit voneinander entfernt, dass sie sich weder mit Rufen noch mit Winken verständigen konnten. Akustische und optische Signale waren nutzlos, denn deren Reichweite war zu gering. Der Seemann war völlig auf sich allein gestellt. Wer sollte sein Schiff sehen, wer seine Rufe hören. Nur wenn sich Schiffe zufällig trafen, konnten sie Nachrichten für die Daheimgebliebenen mitgeben. Nur wenn ein Schiff in der Nähe der Küste in Not geriet, konnte ein Signal Hilfe herbeirufen. Nur wenn die aufgezogene Notflagge gesehen oder der Kanonenschuss gehört wurde, war Rettung nahe. Dem Schiffbrüchigen auf einer Insel blieb nur die Flaschenpost und die Hoffnung, dass man sie bald finden würde. Es gab kein Mittel, Nachrichten von hoher See zum Land „hinüberzutragen".

Das Bedürfnis, Nachrichten von See aus zum Land zu übermitteln, zwischen Schiffen auszutauschen oder von der Küste hinaus aufs Meer zu senden, ist sicher so alt, wie die Seefahrt selbst. Akustische und optische Zeichen standen am Anfang dieser Entwicklung.
Einfachstes Erkennungszeichen war das Segel. "Buntgewirkter Byssus aus Ägypten war dein Segel, um dir als Flagge zu dienen; violetter und roter Purpur von Elisas Gestaden war deine Decke", heißt es beim Propheten Ezechiel. In der griechischen Mythologie vereinbarten der athenische Held und Staatsmann Theseus und sein Vater Ägeus ein weißes Segel zu setzen, wenn er den Minotaurus im Labyrinth besiegt haben würde, ein schwarzes aber aufzuziehen, wenn er unterlegen wäre. Bei der Einfahrt in den Hafen von Athen vergaß er, das Segel zu wechseln. Ägeus sah das schwarze Segel und stürzte sich voller Gram vom Felsen ins Meer. Ein anderes Signal gab das Schiff der Kleopatra. Es trug golddurchwirkte Segel, und war so als Königsschiff zu erkennen.
Im letzten Jahrtausend vor der Zeitenwende, als sich die Macht- und Handelszentren von Persien ans Mittelmeer verschoben, begann die Seefahrt, wenn vorwiegend auch als Küstenfahrt, eine immer größere Rolle zu spielen.

Den Seehandel im Mittelmeerraum beherrschte zwischen 1200 und 900 v. Chr. das semitische Volk der Phöniker. Es hatte den östlichen Küstenstreifen zwischen dem Libanon und den galiläischen Bergen, vom Dschebel Akra im Norden bis zum Karmel im Süden besiedelt. Ihre Handelsschiffe zogen, wenn ein fremdes Schiff in Sicht kam, die Flucht vor, um Herkunft oder Zielhafen nicht preisgeben zu müssen. Sie brauchten keine Signale. Erst als die an den Küsten des Peloponnes und Kleinasiens liegenden griechischen Stadtstaaten große Kriegsflotten aufbauten und sie in die häufigen Seeschlachten gegen die Perser führten, mussten Zeichen für Befehle vereinbart werden. Um 400 v. Chr. beschrieb Herodot von Halikarnassos in seinem berühmten Geschichtswerk ausführlich die Seeschlachten zwischen den griechischen Stadtstaaten und den Schiffen des Xerxes.
Die Perser hatten gegen Ende des 6. Jahrhunderts v. Chr. ihre Eroberungszüge in Richtung Westen begonnen, schon bald die Küste des Mittelmeeres erreicht, 512 v. Chr. unter Darius I. den Hellespont überquert und damit den Fuß auf europäischen Boden gesetzt.
In ihren Eroberungsfeldzügen gegen die griechischen Stadtstaaten, die fast fünfzig Jahre dauerten, wurden nicht nur die Inseln erobert, sondern auch Athen, Sparta und die von Griechen bewohnte Westküste

Kleinasiens heimgesucht. In diesen Kämpfen spielten Seeschlachten immer wieder eine Rolle. 494 v. Chr. siegten die Perser gegen die aufständischen Ionier in der Seeschlacht bei Lade, einer der damaligen Hafenstadt Milet vorgelagerten Insel. Die Griechen hatten Schlachtordnung und Frontalangriff vorher in einer Versammlung der Befehlshaber der Schiffe vereinbart. Ein gemeinsames Zeichen zum Angriff ist aber nicht bezeugt. Der Kampf war auf ein selbstständiges Agieren der Schiffe ausgerichtet. Dass sie nicht an der Schlacht teilnehmen wollten, zeigten die Samier dadurch an, dass sie die Segel setzten. Aber auch das war schon vor Beginn des Kampfes abgesprochen worden. Im August 480 v. Chr. ankerte bei Artemision unter dem Ober-befehl des Spartaners Eurybiades eine griechische Flotte. Sie war von den östlichen Küstenstädten des griechischen Festlandes zusammengestellt worden, um gegen die Perser anzutreten. Die Flotte bestand aus 280 Schiffen. Die Perser lagen bei Aphetai vor Anker. Sie wollten die Griechen im Rücken angreifen und schickten daher 200 Schiffe um die Insel Euböa herum. Doch dieser Plan wurde verraten und die Griechen griffen ihrerseits den Rest der Flotte vor Aphetai an. Als die Perser das erkannten, lichteten sie die Anker und fuhren den Griechen entgegen.

Auf das erste Zeichen stellten die Griechen ihre Schiffe in Schlachtordnung, die Schnäbel gegen den Feind gerichtet, die Hecks in der Mitte; und als dann das zweite Zeichen gegeben wurde, gingen sie zum Angriff über, wobei sie, da sie nur wenig Spielraum hatten, die Feinde nur von vorn angriffen."[5]
Die Schlacht verlief unentschieden und die Schiffe zogen sich gegen Abend wieder in ihre Ausgangspositionen zurück. Am nächsten Tag begannen die Perser mit den Resten ihrer Flotte erneut anzugreifen. „Als die Schiffe des Xerxes in Schlachtordnung auf sie zufuhren, blieben die Griechen ruhig bei Artemision liegen. Die Barbaren aber bildeten mit ihren Schiffen einen Halbkreis, um sie zu umfassen. Nun fuhren auch die Griechen ihnen entgegen und das Gefecht begann."[6] Nach Herodot benutzten die Griechen bestimmte Zeichen, um die Flotte zu formieren oder zum Angriff vorzugehen. Das bestätigt auch Appianos aus Alexandria (um 100 bis 170 v.Chr.), der berichtete, dass die Griechen Zeichen für den Angriff, den geordneten Rückzug und für die Sammlung der zerstreuten Schiffe einsetzten. Doch auch er sagt nicht, wie und womit die Zeichen gegeben wurden. Da die Masten der Ruderschiffe bei Beginn des Kampfes herunter-genommen wurden, können es keine am Mast wehenden Tücher gewesen sein.

---

[5] Herodot: Das Geschichtswerk des Herodot von Halikarnassos, Berlin, Weimar 1985 VIII, 11
[6] Ebenda VIII, 16

Die letzte große Seeschlacht zwischen Griechen und Persern fand bei Salamis statt, wohin sich die Flotte der Griechen, nachdem sie von der Niederlage bei Thermopylai erfuhr, zurückgezogen hatte. Nach und nach versammelte sich dort eine stattliche Flotte von 378 Schiffen. Auch die persische Flotte ging nach Salamis unter Segel, stellte sich dort ungestört in Schlachtordnung auf, um später im Schutz der Dämmerung die griechische Flotte einzukesseln. Kein Zeichen eröffnete die Schlacht, sondern ein Missverständnis. Eines der griechischen Boote, das zum Land zurückrudern wollte, stieß auf eine persische Galeere. Ihre Ruder verfingen sich, andere griechische Boote wollten helfen und so begann die Schlacht. Im Verlauf der Kämpfe wurde die persische Befehshaberin Artemisia von einem attischen Schiff verfolgt. Sie wich dem Kampf aus, indem sie ein persisches Schiff überrannte und versenkte. „Als das der Befehlshaber des attischen Schiffes sah, wie sie ein feindliches Schiff rammte, glaubte er, das Schiff der Artemisia sei ein griechisches."[7] Auf der gegnerischen Seite sagte einer seiner Männer zu Xerxes: „Herr, siehst du, wie tapfer Artemisia kämpft und eben ein feindliches Schiff in den Grund bohrt?

[7] Ebenda VIII, 87

Auf des Königs Frage, ob das wirklich Artemisias Schiff sei, hätten sie gesagt: „Ja, das könnte man deutlich an ihrem Schiffszeichen sehen.“[8] Danach müssen Befehlshaber eigene Schiffszeichen gehabt haben, denn an anderer Stelle schreibt Herodot: „Als Polykritos das attische Schiff erblickte und es an seinem Zeichen als das Schiff des Feldherrn erkannte, verhöhnte er Themistokles.“[9]
Um den Ablauf der Seeschlacht zu lenken, brauchten keine Zeichen gegeben zu werden, denn die Schiffe der gegnerischen Flotten standen sich in gleicher Schlachtordnung, wie an Land, also in „Dwarsordnung“ gegenüber. Die antiken Seekämpfe hatten den Charakter einer auf die Schiffe verlagerten Feldschlacht und daher sind sicher auch nur jene Zeichen gegeben worden, die an Land üblich waren. Die Gegner richteten den Bug ihrer Schiffe auf den Feind und deckten gegenseitig ihre Seiten. Vorgezogene oder zurückgenommene Flanken waren Ausdruck dafür, ob man sich dem Gegner überlegen oder unterlegen fühlte. Der Angriff begann auf ein gegebenes Zeichen. Die gegnerische Linie wurde durchbrochen, wobei versucht wurde, den Gegner zu rammen oder ihm die Ruder abzuscheren. Nach dem Durchbruch wurde gewendet und der Angriff begann von Neuem, nun meistens schon Schiff gegen Schiff.

---

[8] Ebenda VIII, 88
[9] Ebenda VIII, 92

An eine Ordnung war nicht mehr zu denken, die blindwütige Kampfeslust gab den Ton an. Da die Ruderer nur kurzzeitig in der Lage waren, Höchstleistungen zu vollbringen und auch die Schiffe nicht groß genug waren, um noch Mengen an Proviant mitzuführen, fanden die Seeschlachten in der Nähe der Küsten statt. Die Schlacht schuf sich im Kampf ihre eigenen Gesetze. Die Aufforderung zum Sammeln kann bei solchem Kampfgetöse nur ein akustisches Zeichen gewesen sein.

Als die Römer mit dem Ersten Punischen Krieg (264 – 241 v. Chr.) versuchten, ihre Herrschaft über den Mittelmeerraum auszudehnen, folgten sie in den Seeschlachten der bewährten Taktik der Griechen und stellten die Galeeren sichelförmig der gegnerischen Flotte gegenüber auf. Hervorstechende Merkmale der Schiffe waren die „signa" des Führungsschiffes. Dazu gehörten verschiedenfarbige Segel oder das Vexillium, die Flagge des Befehlshabers. Waren römische Kaiser mit Schiffen unterwegs, hatten sich die Begleitschiffe nach den Manövern des Führungsschiffes zu richten.

Eine einfache Zeichengebung hat es in geringem Umfang schon gegeben, denn Livius (59 – 17 v. Chr.) erwähnt Spähschiffe, die ausgeschickt wurden, um frühzeitig den Gegner zu entdecken und Plutarch (46 – 119 v. Chr.) schreibt, dass Spähschiffe Zeichen an die

Hauptflotte übermittelten, wie aus seiner Schilderung der Seeschlacht bei Aigospotamoi, 405 v. Chr. hervorgeht. Wenn Livius sagt, dass Scipio (Konsul 205 v. Chr.) während des 2. Punischen Krieges Boote zu den einzelnen Schiffen schickte, um die Steuerleute, Kapitäne und Mannschaftsabordnungen zur Befehlsausgabe zusammenzurufen, kann ein Signal für den Befehl „Kapitäne zum Oberkommandierenden" noch nicht bekannt gewesen sein. Ein Angriffssignal erwähnt Thukydides (460 – 396 v. Chr.), und Polybios (200 – 120 v. Chr.) sagt, dass der Angriff auf ein Trompetensignal hin begann. Belizar benutzte, um seine Flotte auf der Fahrt nach Afrika zusammenzuhalten, nach Procopius (500 – 565 v. Chr.), Tag- und Nachtsignale. Wenn man von den Größenverhältnissen der Schiffe und ihrem Abstand bei Flottenaufstellung in Dwarslinie ausgeht, wächst das Verständnis über die Möglichkeiten einer Zeichengebung. Bei den venezianischen Galeeren betrug der Abstand beispielsweise etwa das Dreifache der Breite einer Galeere. Bei einer angenommenen Breite von 5 m, die Herodot indirekt bestätigt, wenn er mehrfach bemerkt, dass die Boote auf Land gezogen wurden, lagen die Schiffe in einem Abstand von 15 m nebeneinander. Über diese Entfernung konnte man sich durchaus mit Rufen verständigen.

Der Übergang zu einem vollkommeneren Signalwesen ist fließend. Flaggen waren die Voraussetzung, um Signale geben zu können. Um 400 n. Chr. waren sie noch kein allgemein gebräuchliches Schiffszeichen, denn Renatus Flavius Vegetius erwähnt sie in seiner „Epitoma rei militaris", einem Handbuch über die Militärwissenschaft, noch nicht. Um 500 n. Chr. sagt ein griechischer Anonymus in seiner Schrift über den Seekrieg aber schon: „Als Signale dienen auf See weiße Gewebe, die hin und her bewegt werden."[10] Im altgermanischen Epos „Beowulf", etwa um 650 n. Chr. verfasst, heißt es: „Ein gülden Banner wogte hoch über seinem Haupt im Wind."[11], und in der „Edda", deren älteste Teile auf das 7. Jahrhundert zurückgehen, steht: „Wie heißt der Fürst, der die Flotte steuert, die goldene Kriegsfahne am Steven entfaltet?"[12] Leo VI., Kaiser von Byzanz (886 – 912 n. Chr.) schrieb in seinem Buch „Tactica" über die Seeschlacht: „Zum Signalisieren bedient man sich eines Wimpels oder einer Flagge oder eines anderen erhöhten und genügend sichtbaren Gegenstandes, womit das bezeichnet werden kann, was ihr verstanden haben wollt. Sei es um anzugreifen oder sich zurückzuziehen, den Feind zur Seite zu drängen oder ihm eine Falle zu stellen, einer in Gefahr befindlichen Abteilung zur Hilfe zu eilen, schneller zu rudern oder langsamer zu fahren ... Jeder

---

[10] Siegel, R.: Die Flagge, Berlin 1912, S. 15

[11] Beowulf. Mit ausführlichem Glossar, Hrsg. Moritz Heyne, Paderborn 1879

[12] Die ältere und die jüngere Edda, Stuttgart 1896

Befehl muss durch ein besonderes Signal angegeben werden, das im Voraus bestimmt worden ist. Entweder man hält die Flagge gerade, oder man senkt sie nach rechts oder links, man bewegt sie, hebt sie in die Höhe oder lässt sie herunter, man entfernt sie oder ersetzt sie durch eine andere von verschiedener Farbe, oder man wechselt nur die Farbe, wie es früher der Brauch war."[13] Bis zum 10./11. Jahrhundert scheint sich die Signali- sierung nur auf das Zeichen zum Angriff beschränkt zu haben, denn die „Genueser zogen die Banner auf und griffen zu den Waffen, als der Admiral Tancred des Königs von Sizilien sich zum Angriff anschickte" (1191).[14]

Als Kolumbus 1492 mit der Karavelle SANTA MARIA und den Schiffen PINTA und NINA von Spanien in westliche Richtung in unbekannte Fernen versegelte, um Indien zu erreichen, hatte er mit seinen beiden Begleitschiffen ein Signal vereinbart, das gegeben werden sollte, wenn Land gesichtet wird. Nachts brannte auf dem Heck der Schiffe ein Feuer, damit sie sich nicht aus den Augen verlören. Ein besonderer Tag wurde der 11. Oktober 1492. Im von Las Casas aufgeschriebenen Schiffstagebuch findet sich die Eintragung: „Nach Sonnenuntergang segelte er weiter auf seinem ursprünglichen Kurs nach Westen ...

Und da die Karavelle PINTA am schnellsten von allen

---

[13] Köster, A.: Das antike Seewesen, Berlin 1923

[14] Jahrbücher von Genua, I, 151

[15] Christoph Columbus, Schiffstagebuch, Leipzig 1980

Wilhelm der Eroberer setzt 1066 nach England über. Sein Schiff ist an der Standarte im Topp des Mastes zu erkennen. Darstellung auf dem Teppich von Bayeux.
(Jb. Schiffbautechnische Gesellschaft 21, 1920)

segelte und vor dem Admiral fuhr, bekam sie Land in Sicht und gab die Signale ab, die der Admiral angeordnet hatte.“[15]

Ausführlicher legte Fernão de Magalhães (1480 – 27. April 1521) seine Signale fest, bevor er am 20. September 1519 mit fünf Schiffen und etwa 280 Mann von San Lucar nach Westen versegelte, um einen Weg zu den Molukken zu suchen. Von dieser Erdumsegelung kam zwar nur ein Schiff unter Elcano mit 17 Mann zurück, an Bord aber war Antonius Pigafetta und sein mit Akribie geführtes Tagebuch. Er hatte zu Beginn der Reise notiert: „Vor unserer Abreise machte Magellan verschiedene Anordnungen, sowohl in Ansehung der Signale als auch der Manneszucht. Damit das Geschwader beständig zusammenhalte, schrieb er den Steuerleuten und Capitains folgende Regeln vor: Sein Schiff segelte stets den anderen voran, und um dasselbe, während der Nacht, nicht aus dem Gesichte zu verlieren, heftete er eine Fackel von Holz an das Hinterteil seines Schiffs. Wenn er, außer dieser Fackel, noch eine Laterne oder ein Stück eines Binsenseils anzündete, so mussten die anderen Schiffe dasselbe tun, um sich zu überzeugen, dass sie ihm folgten. Zündete er außer der Fackel zwei andere Feuer an, so mussten die Schiffe, entweder um langsamer zu segeln oder wegen ungünstigen Winds, ihre Richtung ändern. – Drei Feuer, die er anzündete, bedeuteten, dass man das Bonnet wegnehmen solle, – ein Segel, welches man unter den großen Segel anbringt, um bei gutem Wetter den Wind besser zu fangen, und den Lauf des Schiffes zu beschleunigen. Dieses Bonnet nimmt man weg, wenn man einen Sturm voraussieht, damit es diejenigen nicht hindere, welche bei den Segeln beschäftigt sind. – Wenn er vier Feuer anzündete, so war dies ein Zeichen, dass man alle Segel einziehen solle: waren aber die Segel eingerefft, so zeigten diese vier Feuer an, dass sie wieder ganz aufgezogen werden sollten. – Mehrere Feuer oder einige Kanonenschüsse benachrichtigten, dass wir nahe am Lande oder an Untiefen wären, und dass man daher mit vieler Vorsicht segeln müsse. Ein anderes Zeichen gab an, wenn die Anker geworfen werden sollten.“[16]

Hier werden Kanonenschüsse als Signal erwähnt, ein Zeichen, dass im 15. Jahrhundert bereits Kanonen an Bord aufgestellt waren. Angenommen wird, dass Kanonen erstmalig 1340 in der Seeschlacht von Sluis benutzt wurden. Ab Mitte des 15. Jahrhunderts gehörten sie zur Schiffsausrüstung. Auch bei den späteren Forschungsreisen, an denen mehrere Schiffe teilnahmen, spielten Vereinbarungen über Signale eine Rolle.

---

[16] Pigafetta, A.: Beschreibung der von Magellan unternommenen ersten Reise um die Welt, Gotha 1801

Als Adam Johann Krusenstern in den Jahren 1803 – 1806 zu seiner ersten Weltumse- gelung unter russischer Flagge aufbrach, hatte auch er Signale festgelegt. In den Bordbuchnotizen schreibt er: „Ich übergab daher dem Kapitän-Leutnant Lisjanski meine Signale, meine Verhaltungsvorschriften während unserer Reise und, im Fall einer Trennung, die Orte unserer Wiedervereinigung.“[17] An anderer Stelle des Logbuchs heißt es, nachdem sich die beiden Schiffe aus den Augen verloren hatten: „Die Trennung der NEWA von der NADESHDA konnte also nicht anders als durch einen von uns sehr verschiedenen Kurs geschehen sein... und dieser war WtN. Ich behielt ihn bis 7 Uhr abends bei und ließ mehrere Kanonen als Signal abfeuern und während der Nacht alle drei Stunden ein Weiß- feuer brennen. Wir erhielten aber keine Antwort.“[18]
Als sich nach der Entdeckung des amerikanischen Kontinents die Handelswege verlagerten, Schiffe über den Atlantik nach Mittelamerika segelten, die Reichtümer des gerade entdeckten Kontinents raubten und nach Europa brachten, andere Kurs um das Kap der Guten Hoffnung nach Südostasien nahmen, um Gewürze aus Sumatra und Seide aus China zu holen, brach für Piraterie und Seeraub eine gute Zeit an. Wenn der „Jolly Roger“, die schwarze Flagge mit dem weißen Totenkopf und den gekreuzten Schwertern am

[17] Krusenstern, A. J. von: Reise um die Welt, Leipzig 1985, S. 17
[18] Ebenda S. 217

Horizont auftauchte war das für den Handelsfahrer das Signal, alle Segel zu setzen und das Weite zu suchen oder den Kampf bis aufs Messer zu führen.
Auch andere Geschichten erzählen von Signalen. Der Abenteurer Joshua Slocum hatte sich am 1. Juli 1895 mit einem wieder seetüchtig gemachten Kutter, der SPRAY, allein auf eine Weltumsegelung begeben. Das wagemutige und abenteuerliche Unternehmen wurde in der Öffentlichkeit aufmerksam verfolgt. Im Dezember geriet die SPRAY zwischen dem Kap der Guten Hoffnung und Kapstadt in einen Sturm, der das Boot heftig von einer Seite zur anderen warf. Wellenberge drückten den Kutter unter Wasser, dann schoss er wieder nach oben, um mit einem Sturz ins nächste Wellental zu sinken. Das war zu viel. Slocum gab sich auf, begann gleichgültig zu werden. Solle geschehen was wolle, er konnte und mochte nicht mehr. Da, wie von Geisterhand geführt, fuhr in diesem Moment ein Postschiff an ihm vorbei, grüßte ihn mit dem Flaggensignal „A happy Christmas" und war im nächsten Moment im Dunst verschwunden. Ein Slocum in Seenot? Dieser Gedanke war dem Kapitän des Postdampfers nicht gekommen. Für den wagemutigen Seemann war dieses Flaggensignal aber das Zeichen, nicht aufzugeben, und er gewann den Kampf gegen die Naturgewalten.

„Der Kanonenschuss“ Gemälde von Willem van de Velde, d. J. (1633 – 1707) (Rijksmuseum Amsterdam)

Signale von Schiffen abgegeben, üben einen eigenartigen Reiz auf die Menschen aus.
Das Bild „Der Kanonenschuss“, das Willem van de Velde, der Jüngere (18. Dez. 1633 – 8. April 1707), malte, zeigt dem Betrachter, welche Geschäftigkeit ein Kanonenschuss auslösen kann. Noch liegt das Schiff, ein Zweidecker, auf Reede. Über dem Wasser schwebt Pulverdampf, weist auf den gerade abgegebenen Kanonenschuss hin, der die nahe Abfahrt angekündigt und geschäftige Betriebsamkeit ausgelöst hat. Die Segel von Vor- und Hauptmast sind gelöst, flattern ungebrasst an den Rahen. Der Anker ist bereits eingeholt. Zwei Beiboote bringen die letzten Männer an Bord. Eines liegt schon nahe am Achterschiff, Matrosen winken, dass man ihnen ein Tau zuwerfen möge. Ein anderes ist noch weiter entfernt. Aus ihm winkt einer der Matrosen mit der Mütze zum Land zurück. In geringer Entfernung ankert ein anderes Schiff, vermittelt die Ruhe, die auf der Reede herrschte, bis der Kanonenschuss die Stille unterbrach, den nahen Aufbruch eines Seglers ankündigte und geschäftige Unruhe verbreitete. Die Reise, die irgendwohin führen und vielleicht sehr lange dauern wird, kann beginnen.
Eine andere Bedeutung hat der Kanonenschuss in Daniel Defoes (1659 – 26. April 1731) viel gelesenem

Buch „Robinson Crusoe“. 1719 entstanden, lässt der Autor seinen Leser das abenteuerliche Leben des 1632 in York geborenen Helden miterleben, der, nachdem sein Schiff, auf dem er als Handelsmann fuhr, zwischen den kanarischen Inseln und der afrikanischen Küste in die Hände eines Freibeuters fiel, eine abenteuerliche Flucht auf einem kleinen Boot wagte. Er hatte es mit allem Notwendigen versehen und war aufs offene Meer hinausgesegelt. Natürlich wurde unser Held gerettet, nachdem er aus der „Flagge seines Herrn ein Notsignal geformt und eine Flinte abgefeuert hatte, deren Rauch man von dem Segler durch das Fernrohr erkannte.“[19]
Später, er lebte nach einem zweiten Schiffsunglück nun schon über ein Jahr auf der einsamen Insel, erzählt er weiter: „... da überraschte mich der Knall eines Kanonenschusses, der auf dem Meer abgegeben wurde ... Sogleich schloss ich, dass es ein Schiff in Seenot sein müsse.“[20] Dieser Kanonenschuss, der ein letzter Versuch war, Hilfe herbeizurufen, diente Daniel Defoe zur Fortsetzung der Handlung, denn Robinson sah am nächsten Tag das Wrack eines Seglers vor der Küste liegen, dessen Ladung ihm das Überleben auf der Insel ermöglichte. Schließlich spielte der Kanonenschuss auch bei der dramatischen Rettung Robinsons eine Rolle. Eines Tages landete ein kleines Boot auf der

[19] Defoe, D.: Robinson Crusoe, Berlin 1973, S. 41
[20] Ebenda S. 209

Insel und brachte drei Gefesselte an Land. Es waren der Kapitän, sein Maat und ein Passagier eines Segelschiffes, welche die meuternden Matrosen auf der Insel aussetzten. Natürlich konnte Robinson die Meuterer überwältigen und er erzählt weiter: „... da hörten wir, wie vom Schiff aus eine Kanone abgefeuert wurde, und sahen, wie die Leute dort mit der Flagge signalisierten, das Boot solle an Bord des Schiffes zurückkommen... Als schließlich alle ihre Signale sich als fruchtlos erwiesen hatten und sie feststellten, dass sich das Boot nicht von der Stelle bewegte, sahen wir, wie sie ein zweites Boot zu Wasser ließen und auf den Strand zu ruderten."[21] Als auch diese Meuterer überwältigt worden waren, ließ sich der Kapitän zum Schiff rudern. „Sobald das Schiff in ihrer Hand war, befahl der Kapitän sieben Kanonenschüsse abzugeben – das Signal, das er mit mir verabredet hatte."[22] Es erübrigt sich zu sagen, dass Robinson nun aus seiner unfreiwilligen Gefangenschaft befreit wurde.

Vielfältig waren die Signale, die Schiffe benutzten, bevor es zu einer international verbindlichen Regelung kam. Die Flagge im Schau spielte dabei eine besondere Rolle. In „Gallerie der Schiffahrt" einem Buch, das 1809 in Pirna erschien, heißt es dazu: „Die Flagge in Schau wehen lassen, heißt, sie ihrer Höhe nach zusammenzufalten, und sie so, oben am Flaggenstock wehen

[21] Ebenda S. 219
[22] Ebenda S. 304

zu lassen." Die Bedeutung dieses Signals war unterschiedlich. Wehte sie auf einem Schiff auf Reede, bedeutete das, man wolle unter Segel gehen und die an Land befindlichen Boote sollten zurückkehren. Wehte die Flagge im Schau auf einem Schiff in der Nähe der Küste, rief sie einen Lotsen an Bord. Wehte sie dagegen auf hoher See, hatte sie die Bedeutung eines Notsignals. Notsignale haben sicher zu allen Zeiten in der Seefahrt eine wichtige Rolle gespielt und doch hat es bis zum Anfang des 19. Jahrhunderts gedauert, bis die Forderung nach einer für alle gültigen Regelung übermächtig wurde. In den Signalbüchern erhielten Flaggensignale für den Seenotfall ihren festen Platz. Im Notfall Signalraketen einzusetzen, geht auf einen Vorschlag von Trenghouse zurück, der 1821 für diese Erfindung die Medaille der Society of Arts erhielt. Aber erst 1832 wurde die Öffentlichkeit wieder auf die Erfindung aufmerksam, als Dennet eine von ihm entwickelte Signalrakete erprobte. Nach dem Verlust des Dampfers WILLIAM AND ANN, der 1846 unterging, beklagte ein Leser in einem Brief an das Nautical Magazine, dass es keine verbindlichen Festlegungen für Notsignale mit Raketen gäbe. Worauf Lloyds mit dem Hinweis antwortete, dass seit 1821 Schiffe mit Raketen und Blaufeuer ausgerüstet sein müssen und in Übereinstimmung mit dem Comitee of the Shipowners

ein Dutzend Raketen und drei Blaufeuer mitzuführen haben.
Aber auch der Missbrauch von Notsignalen ist überliefert. Im letzten Drittel des 19. Jahrhunderts machte Bully Hayes als Freibeuter das Seegebiet im pazifischen Raum unsicher. Zu seinen „Geschäftspraktiken" zählte der verbotene Menschenhandel. Aber das Geschäft wurde immer gefährlicher und Bully Hayes stellte sich auf den Transport von Chinesen nach Australien um. Zunächst schien das kein Geschäft zu sein, denn jeder der Passagiere musste ein Kopfgeld zahlen, das der Schiffsführer an die australischen Behörden weitergab, um seine Menschenfracht im Hafen „löschen" zu können. Hayes hatte eine Idee. Als sein Schiff Sydney erreichte, nahm es so viel Wasser, dass er das Notsignal setzte und dringend Schlepperhilfe für die Rettung seiner „Passagiere" anforderte. An den Pumpen wollte er sein Schiff so lange über Wasser halten, bis alle von Bord wären. Als aber der letzte Retter von der Bordwand abgelegt hatte, ließ Hayes die vorsätzlich angebrachten Lecks abdichten, setzte Segel und suchte mit dem Kopfgeld in der Tasche das Weite. Die Freude der Chinesen über die Rettung schlug in blankes Entsetzen um, als der australische Zoll das Kopfgeld einforderte, mit dem Hayes schon lange am Horizont verschwunden war.

Schließlich zahlten die Schlepperführer wutschnaubend das Geld, um ihre menschliche Fracht lozuwerden.

Flaggensignale lenken Seeschlachten

Die Signalflagge hat eine lange Geschichte. Sie begann mit am Mast wehenden Tüchern, fliegenden Bändern am Topp und der Standarte des Herrschers am achteren Flaggstock.

Als Venedig im 8. Jahrhundert die Seemacht im Mittelmeer übernahm, der Handel sich belebte und die Schifffahrt aufblühte, wurde die Flagge mehr und mehr zum Erkennungszeichen der Schiffe. Der geflügelte Löwe, Zeichen des Evangelisten Marcus, wurde 828 zum Wahrzeichen von Venedig, als eine venezianische Handelsflotte die Gebeine des Heiligen Marcus von Alexandria nach Venedig überführte. Eine 931 zu Ehren des Dogen Candiano II. geschlagene Münze zeigt ein Schiff, das im Topp eine Flagge führt. Die Schiffe Wilhelm des Eroberers, der 1066 von der französischen Küste nach England übersetzte, trugen im Topp des Mastes kleine Flaggen. Das königliche Schiff war durch eine viereckige Standarte mit goldenem Kreuz, das von einem blauen Rand umgeben war, besonders hervorgehoben.

Als nach einer flammenden Rede des Papstes Urban II. auf dem Konzil zu Clermont im Jahre 1095 die Kreuzzüge ins Heilige Land begannen, sollten sich die verschiedenen Ritterscharen wohl voneinander unterscheiden. Knapp ein Jahrhundert später, Sultan Saladin hatte über die Kreuzfahrer gesiegt und am 3. Oktober

1187 Jerusalem und damit das Heilige Grab besetzt, wurde zum III. Kreuzzug gerüstet. Nun diente die Flagge zur Unterscheidung der einzelnen Kontingente. Die Franzosen unter König Philipp II. August trugen ein rotes, die Engländer unter Richard Löwenherz ein blaues und die Flamen unter Graf Philipp von Flandern ein grünes Kreuz. Die Schiffe des Königs Richard Löwenherz führten 1190 das Banner des Hl. Georg und er selbst auf seinem Schiff die rote königliche Standarte mit den drei goldenen Löwen.
Die Schiffe der 1241 nach dem Zusammenschluss von Hamburg und Lübeck gegründeten Hanse führten in der Regel eine Flagge. Im Hamburger Seerecht von 1270 heißt es dazu: „Ein jeder unserer Bürger soll einen roten Flüger führen, wer dies nicht tut, soll 3 Mark in die Stadtkasse zahlen, ausgenommen, wenn er die Flagge einer Gefahr wegen niederholt. Wenn ein Fremder einen roten Flüger führt, der soll die gleiche Strafe zahlen, wenn er vor unserem Gericht verklagt wird."[23] Das lübische Recht von 1299 bestimmte, dass jedes Lübecker Schiff den "Luebeschen Vloyghel“ zu führen hatte und das Schiffsrecht der Stadt Riga von 1270 schrieb vor, dass ihre Schiffe eine schwarze Flagge mit einem weißen Kreuz aufziehen müssen. Die Siegel der Hansestädte zeigen in der Regel eine Hansekogge mit einer Flagge am Topp.

---

[23] Siegel, R.: Die Flagge, Berlin 1912, S. 31

Der Begriff „Flagge“ für das aufzuziehende Tuch ohne Befestigungsstange geht auf das gegen Ende des 15. Jahrhunderts gebräuchliche und im Plural benutzte Wort „fagges“ zurück. Im 16. Jahrhundert ist es in der englischen Sprache als „flag“ nachgewiesen und bedeutet, abgeleitet von seiner ursprünglichen Bedeutung im übertragenen Sinne so viel wie „ermatten, hängen lassen“. Rasch wurde der Begriff in die Sprachen anderer Küstenländer aufgenommen, wird im Niederländischen zu „vlag“, im Dänischen zu „flag“ und im Schwedischen zu „flagg“. In der deutschen Sprache wird das Wort Flagge etwa ab 1600 heimisch.
Im 18. Jahrhundert ist die Flagge zu einem festen Bestandteil der Schiffe geworden. 1702 wurde sie so beschrieben: „Jede Nation führet ihre besondere Flaggen und Wimpels zur See durch deren gewisse Farben und Zeichen sich Durchlauchtigste Regenten, eben wie durch Wappen zu Wasser unterscheiden.“[24]
1774 heißt es in einem Seelexikon unter dem Stichwort „Flagge“: „Ist eine Schiffsfahne von leichtem wollenen Zeuge, insgemein viereckigt. Sie wird zum Zeichen der Nation von welcher das Schiff ist, zum Zeichen der Würde des Schiffes wo sie wehet, und auch zu Signalen gebraucht. Eine Flagge ist vom Splitt, den Windfahnen und Wimpeln unterschieden, sie ist größer, breiter wie alle diese. Die Flaggen an sich sind

[24] Seehafen, der geöffnete ..., Hamburg 1702

Bänder im Topp und die Standarte des Herrschers am Flaggstock dienen in der Seeschlacht von Sluis 1340 noch nicht zur Übermittlung von Signalen. Miniatur aus der Chronik de Froissart in der Bibliotheque Nationale de Paris. (Roncere, Ch. de la: Histoire de la Marine Française, Paris 1934)

zweierlei, einige wehen auf dem Hinterteil des Schiffes oder auf dem Heckbalken, andere auf den Masten.“[25] Donndorf schrieb 1817 unter dem Stichwort Schiffsfahne: „Dergleichen kommen zwar früh vor; aber immer wird ihrer nur wegen Gebrauchs zum Signalisieren gedacht. Sie hatte verschiedene Farben und Gestalten, wurde bald aufgezogen, bald abgenommen.“[26]

Als im 12. und auch noch im 13. Jahrhundert die Flotten überwiegend aus Galeeren bestanden, wurden Flaggen zum Übermitteln taktischer Befehle nicht benutzt, denn in den Seekriegen, die zwischen Genua und Venedig um die Vorherrschaft im Mittelmeer zwischen 1257 und 1355 geführt wurden, verliefen die Kämpfe auf See nach jenen Regeln, wie sie seit jeher bei Ruderschiffen üblich waren. Das Abscheren der Ruder, der Rammstoß und das Entern waren die Elemente des Seegefechts, ergänzt nur durch den vorangegangenen Beschuss mit Wurfmaschinen, die an Bug und Heck aufgestellt waren. Der Stadtschreiber von Genua, Bartholomeus (1225 – 1248) kannte die Signale, die auf See benutzt wurden, machte über ihre Art aber keine näheren Angaben.

Das 14. Jahrhundert wurde durch die kriegerischen Auseinandersetzungen zwischen Frankreich und England geprägt. Die Seeschlachten in diesem einhun-

---

[25] Erläuterungen zum Verstande der Seefahrt, Breslau 1774

[26] Donndorf, J. A.: Geschichte der Erfindungen in allen Theilen der Wissenschaft, Quedlinburg, Leipzig 1817

dert Jahre währenden Krieg fochten auch noch Galeeren aus. König Philipp VI. von Frankreich eröffnete mit einer von den Genuesern gemieteten Galeerenflotte 1338 die Kampfhandlungen und machte im Ärmelkanal Jagd auf englische Schiffe. Am 24. Juni 1340 stand der englische König Edward III. an der französischen Scheldemündung bei Sluis. Drei französische Geschwader, die ihre Schiffe durch Ketten miteinander verbunden hatten, schützten die Küste. Edward III. hatte seine taktischen Vorstellungen über den Verlauf der Operation im „Black Book of Admiralty" zusammengefasst und damit erstmalig in der Seekriegsgeschichte Flaggensignale für die Lenkung der Flotte festgelegt. In der Gefechtsinstruktion hieß es: „Heißt das Admiralsschiff auf halbem Mast die Flagge, werden die Unterführer zur Beratung beim Admiral gerufen," oder „Sichtet ein Schiff der Flotte ein fremdes Schiff, zeigt es sein Banner im Topp."[27] Edward manövrierte seine Flotte von 200 Schiffen in Luvstellung und erweckte damit bei den Franzosen den Eindruck, als wolle er ein Gefecht vermeiden. Das war für den französischen Admiral das Zeichen, die Ketten kappen zu lassen und den englischen Schiffen zu folgen. Genau das hatte der englische Befehlshaber bezweckt. Er ließ die Angriffsflagge hissen.

---

[27] Siegel, R.: Die Flagge, Berlin 1912, S. 42

Auf dieser Schiffsdarstellung wehen Wimpel am Stag. Der Kartenstecher benutzt die Wimpel als schmückendes Beiwerk. (Aussschnitt aus der Seekarte East Indias Portugal des Lopo Homen, die um ungefähr 1519 gestochen wurde. Bibliotheque Nationale de Paris)

Die französische Vorhut geriet von Luv aus in eine so gefährliche Situation, dass Verwirrung ausbrach und es für die an der Spitze stehenden englischen Schiffe ein leichtes war, das erste französische Geschwader unter Admiral Quiriet zu schlagen.
Die Flottenführung in der Seeschlacht bei Sluis wurde zum Vorbild für die Marinen anderer Länder. Ein gutes und vor der Schlacht ausgearbeitetes taktisches Konzept, verbunden mit entsprechenden Signalen, war für ihren Erfolg ausschlaggebend. Daher beauftragte König Peter IV. von Aragon 1354 seinen Flottenchef Admiral Bernardo de Cabrera „Ordonanzas Navales" auszuarbeiten, die Segelanweisungen für taktische Bewegungen der Flotte enthalten sollten. Graf Amadeus von Savoyen, der 1366 eine Flotte ausrüstete, um dem von den Osmanen bedrängten Byzanz zu helfen, erließ zwei „Ordonnances", von denen die eine für die Fahrt, die andere für das Gefecht gedacht war. Sie enthielten Signale, mit denen die Kapitäne zur Besprechung beim Admiral aufgefordert, ein fremdes Schiff angezeigt und der Notfall durch die mittschiffs gehisste Schiffsflagge sichtbar gemacht wurde.
Zwei Ereignisse prägten die Schifffahrt in der ersten Hälfte des 15. Jahrhunderts: der Beginn der großen überseeischen Entdeckungen, initiiert durch den Portugiesen, Heinrich den Seefahrer, und die Eroberung

Konstantinopels durch die Osmanen am 29. Mai 1453. Während die Entdeckungsreisen den Keim für spätere Auseinandersetzungen auf See legten, fanden im Mittelmeer die letzten großen Seeschlachten statt, die von Rudergaleeren geführt wurden. Galeassen mit ihren drei lateinerbesegelten Masten, die an Bug und Heck schwere Kanonen und leichtere zwischen 30 bis 50 Riemen trugen, verstärkten die Galeerenflotte, an der Venedig als der führende Stadtstaat am Mittelmeer festgehalten hatte. Sie stand dem Osmanenstaat allein gegenüber. Der Generalkapitän der venezianischen Flotte, Pietro Mociniego (1405 – 1476) bereitete seine Flotte mit einer verbesserten Taktik für das Galeerengefecht auf die Auseinandersetzungen vor und erließ 1462 eine Verordnung über die in seiner Flotte anzuwendenden Signale. Wollte der Admiral das Geschwader sprechen, setzte er eine Flagge am Heck. Ein Tropetenstoß bedeutete „Alles ist bewaffnet", folgte der zweite Trompetenstoß hieß das: „Jeder ist bereit" und beim dritten Trompetenstoß war „Kühnen Mutes voranzugehen". Um vor unliebsamen Überraschungen und Überfällen sicher zu sein, lief nach Tagesanbruch dem Admiralsschiff eine Wachgaleere im Abstand von 1 bis 2 Meilen voraus, um feindliche Schiffe rechtzeitig zu melden. Die Befehle lauteten: „Nähert sich eine fusta, ist die Standarte des Hl. Marcus nach der Zahl der gesichteten Schiffe zu heben und zu senken; ist es eine Kogge oder eine Nave, setzt das Schiff seine Flagge an Backbord; ist es dagegen ein Boot, setzt es einen Wimpel an Steuerbord und gibt mit der Flagge die Richtung des gesichteten Schiffes an."[28] Setzte der Admiral die goldene Standarte mit seinem Wappen bei der Hecklaterne, bedeutete das: Angriff.

In den vielen kriegerischen Auseinandersetzungen um die Vormachtstellung im europäischen Raum nach den Entdeckungsreisen haben Seeschlachten keine unwesentliche Rolle gespielt. Die geografische Lage der Kontrahenten führte sogar häufig dazu, dass sich die Kämpfe ausschließlich auf See zutrugen. Zunächst war noch die zahlenmäßige Überlegenheit der Flotte, später aber vorwiegend das taktische Manöver, gepaart mit den hervorragenden seemännischen Fähigkeiten der Admirale, entscheidend für den Ausgang der Schlacht. Wie es den Befehlshabern gelang, ihre Befehle weiter zu geben, spielte dabei eine große Rolle.

Im 16. Jahrhundert verlor das Seegefecht mehr und mehr den Charakter eines „Landkrieges auf Schiffsplanken", das mit Enterkämpfen begann und mit der Eroberung des Schiffes endete. Es wurde zu einem Kampf zwischen taktisch geführten Flotten mit dem strategischen Ziel, die Seeherrschaft zu gewinnen.

---

[28] Ebenda S. 69

Nachdem bereits auf englischen Schiffen seit Heinrich IV. (1367 – 1413) und seinem Sohn Heinrich V. (1387 – 1422) Kanonen aufgestellt worden waren, wurde diese Ausrüstung im 16. Jahrhundert selbstverständlich. Die Flotten bestanden aus hochseetüchtigen und segelfähigen Schiffen mit starker Armierung. Das Ziel der Kriege war nun nicht mehr nur die Erweiterung des Machtbereiches, sondern nach den großen Entdeckungen die Sicherung der eroberten Gebiete und der Schutz der Handelswege. Aus den dynastischen Kriegen auf See waren Seeschlachten mit wirtschaftlichem Hintergrund geworden. Die Kriege richteten sich zunächst gegen das durch die überseeischen Silberflotten reich gewordene Spanien und brachen zwischen der führenden Handelsmacht Holland und den missgünstigen Engländern aus.

In der ersten Hälfte des 16. Jahrhunderts hatten drei Herrscher die Macht in Europa übernommen: 1517 der 17-jährige spätere deutsche Kaiser Karl V. (24. Febr. 1500 – 21. Sept. 1558), Enkel Kaiser Maximilians I., der von seiner Geburtsstadt Gent in Flandern mit einer Flotte nach Spanien reiste, um das von seinem Großvater 1516 ererbte Aragonien, Kastilien und Burgund als Karl I., König von Spanien, in Besitz zu nehmen; der 21-jährige Franz I. (12. Sept. 1494 – 31. März 1547), der seit 1515 in Frankreich die Krone

Dieser Ausschnitt aus dem Bild von Hans Holbein, dem Jüngeren, das er um 1540 als Hofmaler Heinrichs VIII. malte, zeigt die Rückkehr des Königs. Sein Schiff führt neben der Königlichen Standarte erstmals auch Flaggen an verschiedenen Stellen der Takelage und Bänder im Topp der Maste. (Farrère, C.: Histoire de la Marine Française, Paris 1962)

trug und Heinrich VIII. (27. Juni 1491 – 28. Jan. 1547), der seit seiner Krönung am 21. April 1509, 18-jährig über England herrschte. Voller Tatendrang wollten sie ihre Macht erweitern. Die Voraussetzungen dafür schufen sie durch den Erlass von Vorschriften, insbesondere für die Organisation der Marine.
Für die Reise Karls V. nach Spanien wurden vom Kaiserlichen Rat und den „pilotos“ Signalinstruktionen ausgearbeitet. In diesen „Ordinanzas del rey nuestro senor“ sicherten 21 Befehle, die mit Flaggen gegeben wurden, den Seeweg des Königs. In Frankreich schrieb Antoine de Conflans um 1515 die „Faits de la marine et navigaiges“, die in 16 Artikeln Flaggensig- nale für die wahrscheinlichen taktischen Bewegungen der Flotte im Kampf enthielten, und in England erarbeitete Sir Thomas Audley auf Befehl Heinrichs VIII. „A book of orders for the wear by sea and land“, in dem die durch Flaggen gekennzeichnete Einteilung der Flotte festgeschrieben wurde.
Während sich im nördlichen Europa diese Entwicklung vollzog, brachen im Mittelmeer Kämpfe zwischen Venedig und der Türkei aus. Der erfolgreiche Vorstoß der türkischen Flotte in das westliche Mittelmeergebiet unter Chair ad Din Barbarossa und ihre Eroberungen an der nordafrikanischen Küste führten die bisher rivalisierenden christlichen Kräfte zum gemeinsamen

Kampf gegen die Türken zusammen. Am 7. Oktober 1571 kam es bei Lepanto zu jener Schlacht, die zu den größten kriegerischen Auseinandersetzungen auf See zählt und zur letzten Seeschlacht mit Galeeren wurde. 206 Galeeren und 6 Galeassen standen unter dem Banner der „Heiligen Liga". Die türkische Flotte war rund 220 Schiffe stark und bestand nur aus Galeeren, die mit wenigen Kanonen bestückt waren. Ein letztes Mal war das Mittelmeer Schauplatz einer großen Seeschlacht geworden, hatte im Blickpunkt des internationalen Geschehens gestanden. Die Zeit der Galeeren und mit ihr die Taktik des Frontalangriffs, die mit wenigen Signalen auskam, war vorbei.

Als Kaiser Karl V. nach seiner Abdankung 1557 auf dem flandrischen Schiff ELEPHANT die Reise von Holland nach Spanien antrat, um sich ins Kloster San Yuste zurückzuziehen, galten für die Führung des Konvois unter dem Oberbefehl des Vizeadmirals von Flandern, van Meckeren, die „Ordonancien" Adolf von Burgunds mit den Signalen: klar zum Segelsetzen, ein Schuss; unter Segel gehen, ein Schuss und Zeigen der Flagge im Mars des Groß-Besanmastes; Kommandanten zum Admiral, ein Schuss und Zeigen einer Flagge am Heck; Schiffer, Steuerleute und Kommandanten zum Admiral, Zeigen von zwei Flaggen übereinander; Fremdes Schiff in Sicht, ein Schuss und Zeigen einer

Flagge im Großmars. Geriet ein Schiff in Not, sollte es einen Schuss abfeuern und eine Flagge am Bug zeigen. 1588 schickte sich die „La felicissima Armada“ an, England zu überfallen und Truppen zu landen. Am 12. Juli verließ die spanische Flotte unter dem Herzog von Medina-Sidonia den Hafen von Coruna. Philipp II. hatte seinem Admiral die Instruktion erteilt, „Er solle mit der ganzen Armada direkt zum englischen Kanal gehen, diesen bis zur Themsemündung hinauflaufen, von dort mit Parma (Statthalter in den spanischen Niederlanden- d. A.) in Verbindung treten und dessen Überfahrt nach England sichern. Die Küsten Frankreichs und Flanderns seien wegen ihrer Untiefen zu vermeiden; die Küste Englands sei deshalb zu halten und die Reise trotz etwaiger Diversionen englischer Streitkräfte fortzusetzen; Zusammenstöße seien nicht zu suchen, um die eigenen Kräfte möglichst zu schonen ...; gefochten solle nur werden, wenn ohne Kampf die Überfahrt der Invasionsarmee nicht zu erreichen wäre."[29]

Diese Instruktion war so allgemein, und weder Signale für das Zusammenbleiben der Flotte noch Festlegungen zum Verhalten bei einem Zusammenstoß mit den Engländern getroffen worden, dass das Ende der Armada letztlich auch auf das Fehlen einer Signalinstruktion zurückzuführen ist.

---

[29] Rittmeyer, R.: Seekriege und Seekriegswesen, Berlin 1907, S. 116

Op Mauritius is tot Comis ghestelt be-
halven Barent Heynick Cornelis de Hout-
man/een seer ervaren man van de In-
dische saecken ende handel; ende hebft tot
Schipper ghehadt Jan Molenare: Over

Hollandia was Comis Gerrit van Bo-
ninghen ende Cornelis Maso was met den
Schipper Jan Dingnums: over Amsterdã
Reynier van Hel ende Jan Jansz Karel de
Jonge/met dē Schipper Jan Schellinger:

1595 segelte Cornelis de Houtman mit den Schiffen MAURITIUS, HOLLANDIA, AMSTERODAMUM und DE YACHT nach Ostindien. Die Flaggen im Topp der Maste können durchaus zur Übermittlung von Signalen gedient haben. (Katalog des Reichspostmuseums, Berlin 1897)

Auch wenn die Wetterbedingungen ihren Teil zum Untergang der Armada beigetragen haben, war die englische Flotte unter dem Oberbefehl von Lord Howard of Effingham durch die erlassenen Signalinstruktionen wesentlich besser auf den Kampf eingestellt. Er hatte seine Flotte in drei Geschwader eingeteilt, die in ständiger Verbindung miteinander standen.
Indirekt bestätigte Medina die Überlegenheit der Engländer, wenn er in seinem Bericht an Phillipp II. schrieb, dass die englische Flotte mit ihrer eigentümlichen Kampfesweise ihre Überlegenheit bewiesen habe. Ihre Stärke habe in der Seemannschaft und Artillerie gelegen. Die spanische Stärke, der Enterkampf mit Handwaffen, hätte nicht zur Geltung gebracht werden können.[30]
Die englischen Admirale waren mit ihrer Flottenführung zufrieden. Die Signalinstruktion wurde von nun an zu einem festen Bestandteil jeder Gefechtsvorbereitung. Die Einteilung der Flotte in drei Geschwader, die jeweils rote, blaue und weiße Wimpel im Topp führten, hatte sich bewährt und wurde beibehalten. Noch enthielten die Signalinstruktionen nur wenige Signale und es gab noch keine ausgesprochenen Signalflaggen. Das änderte sich erst im 17. Jahrhundert, als die Entwicklung zu größeren Schiffen geführt und ihre Zahl in den Flotten zugenommen hatte.

---

[30] Ebenda S.132

Der Schiffbau erfolgte mehr und mehr nach festen Regeln. Die Artillerie war zur Hauptwaffe und in der Besegelung das Marssegel zum Hauptsegel geworden. Zwischen den Masten wurden Stagsegel gesetzt. Vorsegel verdrängten den Mast auf dem Bugspriet, der in den Klüverbaum überging. Das Lateinsegel am achteren Mast wurde zum Besan. Das Ruderrad ersetzte den Kolderstock. Der Zweidecker mit 50 – 80 Kanonen wurde das Standard-Linienschiff.
Geschütze an den Seiten veränderten die Angriffsformation. Aus der Dwarslinie der Ruder- galeeren wurde der Aufmarsch in Kiellinie, um die Artillerie vor der Meleé wirkungsvoll einsetzen zu können. Die Flotten mussten daher so geführt werden, dass sie dem Gegner die Breitseite zeigten. Das erforderte von den Kapitänen hohes seemännisches Können, denn die Flotte in Kiellinie zu rangieren war bei den verschiedenen Schiffstypen ungeheuer schwierig und langwierig. Daher wurden als taktische Einheit Gruppen gebildet und aus diesen Gruppen die Schlachtlinie formiert. „Die Linie aus Gruppen eingeführt zu haben, wird den Holländern zugeschrieben.“[31] Aus artilleristischer Sicht hatte die Luvstellung im Gefecht ihre Vorteile, denn die Sicht auf das Ziel wurde nicht durch Pulverdampf gestört und brennende Rückstände aus den Kanonen gefährdeten nicht die eigene Takelage.

---

[31] Ebenda S. 185

Doch musste dafür der Nachteil in Kauf genommen werden, dass die unteren Geschützpforten häufig unter der Wasserlinie lagen. Allgemein wurde wegen der geringen Treffsicherheit der Geschütze der Kampf meist unter kleinen Segeln oder backgebrasst auf Pistolenschussweite geführt.

Auf See standen sich im 17. Jahrhundert Holland, das in den ersten Dezenien den Spaniern und Portugiesen Kolonien und Handelsfaktoreien entrissen hatte und England unter Cromwell gegenüber. Mit Misstrauen hatte das englische Parlament den Machtzuwachs der Holländer beobachtet und mit der 1651 erlassenen Magna Charta Maritime einschneidend in die Vormachtstellung Hollands im internationalen Zwischenhandel eingegriffen. Die Navigationsakte verbot, ausländische Waren auf ausländischen Schiffen nach England zu bringen und bestimmte, dass die Küstenschifffahrt und der Verkehr mit englischen Kolonien nur englischen Schiffen vorbehalten sei.

Der unmittelbare Handelsverkehr zwischen den Kolonien wurde untersagt, alle Waren mussten ihren Weg über England nehmen. Als Vorbereitung auf die Seeschlachten, die die Engländer zu führen gedachten, erließen die Lords der Admiralität und der Cinque Ports 1648 die „Instructions for the better ordering and managing the fleet in fighting“, die auch Anweisungen für Signale enthielten. Am 29. Mai 1652 brach der erste englisch-holländische Seekrieg aus. Der holländische Admiral Tromp hatte dem englischen Admiral Blake im Ärmelkanal den nach der Navigationsakte bestimmten Flaggengruß verweigert, dieser ihn mit scharfem Schuss eingefordert und Tromp mit einer Breitseite geantwortet. Der Seekrieg, der bis 1654 dauern sollte, hatte begonnen. Admiral Robert Blake (Aug. 1599 – 17. August 1657) leitete die Operationen nach Gefechtsinstruktionen für die rangierte Kiellinie und den Angriff aus der Luvstellung.

Der holländische Admiral Maarten Harpertszoon Tromp (23. April 1597 – 10. August 1653), der bei seinen bisherigen kriegerischen Operationen noch mit drei Signalen: einer weißen Flagge zum Zusammenrufen der Kommandanten; einer achteraus wehenden roten Flagge, wenn ein feindliches Schiff gesichtet worden war und einer roten Flagge im Topp als Zeichen für das Zusammentreten des Kriegsrates, ausgekommen war, benutzte nun sieben Signale, die mit einer roten, einer blauen, einer weißen Flagge und einem Wimpel gegeben wurden. Sie wurden an verschiedenen Stellen der Takelage gesetzt.

Ein holländisches Schiff in der Schlacht bei Texel am 24. Mai 1665. Die Wimpel an der Rah des Besan, im Topp des Großmastes und die Flagge am achteren Flaggstock können als Signale gedeutet werden. Ausschnitt aus dem Gemälde „Le conseil du guerre de la flotte hollandaise près de Texel 24. Mai 1665“ von Willem van de Velde d. J. (1633 – 1707) (Katalog der Ausstellung „La Marine à voile“ vom 20. Juni – 15. Sept. 1999 in Rouen)

Am 28. Februar 1653 trafen die beiden Flotten bei Portland aufeinander. Als Dreitageschlacht ist dieses Treffen in die Seekriegsgeschichte eingegangen. Auch wenn Signale noch nicht die Rolle gespielt haben, wie das später der Fall sein sollte, ergänzte Admiral Blake mit den Erfahrungen aus dieser Schlacht seine Gefechtsinstruktionen und setzte sie am 29. März 1653 als „Instructions for the better ordering of the fleet in fighting“ in Kraft. Es wurde von nun an zur Regel, taktische Erfahrungen aus den geführten Seeschlachten in die nächsten Signal- und Gefechtsinstruktionen aufzunehmen. Damit begann für das Signalwesen eine verhängnisvolle Entwicklung. Die Zahl der Flaggen und die Orte, wo sie gehisst wurden, nahm bis zur Unübersichtlichkeit zu.
Nach dem ersten englisch-holländischen Seekrieg wurden mehr und vor allem gleichwertige Schiffe mit stärkerer Armierung gebaut, um die Vorteile der Kiellinie aus Einzelschiffen voll ausnutzen zu können. Dafür wurden die Flotten kleiner und daher leichter zu führen. Die Einteilung in Vorhut, Mitte und Nachhut wurde beibehalten, wobei jedes dieser Geschwader bei einer größeren Zahl von Schiffen in drei Divisionen geteilt wurde. Die Flaggoffiziere, also jene Kapitäne, die eine eigene Flagge im Topp führten, segelten in der Mitte der Division. Ihnen war ein Verband von Schiffen

unterstellt. Die Flaggen zeigten ihren Rang als Admiral, Vizeadmiral oder Konteradmiral.

Der erste englisch-holländische Krieg markierte die endgültige Wende in der strategischen Seekriegsführung. Zum Ziel der Seekriege wurde das Erringen der Seeherrschaft mit stehenden Marinen. Repräsentant dieser Entwicklung wurde James, Duke of York, der nach der Thronbesteigung seines Bruders Karl II. im Jahre 1660 den Oberbefehl über die englische Marine als High Admiral übernahm. Er behielt die bisherige organisatorische Struktur der Flotte bei, erkannte aber, dass die Gruppenformation mit ihrer Kampfweise für den Oberbefehlshaber zu unübersichtlich ist und die Flotte in der Schlacht daher nur schwer geführt werden kann. Bei sich ändernden Windverhältnissen wurde es schwierig, Ordnung zu halten. Die Schiffe behinderten sich gegenseitig beim Schießen. Ein Ausweg war die Kiellinie aus Einzelschiffen, die von nun an zur allgemein üblichen Gefechtsformation wurde. Mit ihr konnte die Luvstellung rasch erreicht und vor allem auch beibehalten werden. Aus ihr ergaben sich die Regeln für Angriff und Ablauf der Schlacht, die mit dem Artillerieduell zwischen den beiden parallel zueinander segelnden Linien begann.

Das Aufbringen des englischen Admiralsschiffes ROYAL CHARLES, erbeutet während des Zuges nach Chatham, Juni 1667. Die große englische Flagge hängt als Zeichen der Niederlage von der Kampanie herab, dafür weht am achteren Flaggstock die holländische Flagge. Gemälde von Jeronimus van Diest (um 1631 – nach 1675) (Katalog der Ausstellung „Herren der Meere - Meister der Kunst“ 21. März – 25. Mai 1997 in Berlin)

Danach folgten Bewegungen, die zum Abschneiden und Dublieren einzelner Teile des Gegners führen sollten. Der Lord High Admiral wusste sehr wohl, dass sich diese taktischen Bewegungen nur mit einem gut durchdachten System von Signalen durchsetzen ließen. Am 10. April 1665 erließ er seine erste Signalinstruktion, die als Wurzel für alle späteren Signalbücher gilt. In 25 Signalen hatte er die Befehlsinhalte zusammengefasst. Sie wurden mit fünf Flaggen an fünf verschiedenen Stellen; dem Vormast, Hauptmast, Besanmast, der Spiere oder der Gaffel und dem hinteren Flaggstock gegeben. Für die gleichen Befehle gab es Nachtsignale mit Kanonenschüssen und Lichtern. Beipielsweise hatte er bestimmt, wenn er im Vorstängetopp eine rot-weiß gestreifte Flagge setzte, sollte der Admiral des weißen Geschwaders seine Schiffe zum Jagen senden. Setzte er die Flagge am Kreuzstängetopp war der Admiral des blauen Geschwaders an der Reihe, wehte die rot-weiß gestreifte Flagge aber an der Großstänge unter der Standarte, so hatte der Vizeadmiral des roten Geschwaders Schiffe zum Jagen auszuschicken.

Bei den Holländern hatte Michiel Adrianszoon de Ruyter (24. März 1607 – 29. April 1776), welcher schon beim ersten englisch-holländischen Krieg dabei war, den Oberbefehl übernommen. Er teilte seine

Flotte in Geschwader und diese in Divisionen. Jeder Kommandant erhielt eine durch den Kriegsrat gebilligte Instruktion, in der auch der Befehlsrahmen für die bevorstehenden Gefechte festgelegt war. Es hieß dort beipielsweise: „Will der Admiral, dass der Feind gejagt wird, zeigt er eine rote Flagge achtern und die Staatenflagge im Topp. Soll das Jagen aufhören, dann wird die rote Flagge eingenommen, die Staatenflagge niedergeholt und wiederum im Schau wehen lassen, dabei wird ein Schuss gefeuert. Ist ein Schiff im Gefecht durch Schüsse havariert und in Gefahr zu sinken, so hat es die Prinzenflagge aus einer Pforte auszustecken. Dann haben die nächsten Schiffe zu helfen. Soll die Flotte Gefechtsformation einnehmen, um gegen den Feind zu gehen, so zeigt der Admiral eine kleine Gösch von der Piek der Besansrute und feuert zwei Schuss. Wenn beim Zusammenstoß mit dem Feinde der Admiral wünscht, dass der Vizeadmiral die Flotte angreifen soll, so lässt er eine Flagge an der Vorstänge wehen. Will der Admiral, dass das vorderste Geschwader zuerst den Feind angreift, lässt er sein Vorbramsegel lose aufgegeit hängen, soll aber das hinterste zuerst angreifen, so geschieht dasselbe mit dem Großbramsegel."[32]

[32] Siegel, R.: Die Flagge, Berlin 1912, S. 199

Belagerung von Chios 1695. Das Gemälde zeigt die türkische und venezianische Flotte, die durch die Farbe der Flagge unterschieden werden.

Gemälde von Jan Karel Dominicus van Beecq (1638 – 19. Mai 1729) (Farrère C.: Histoire de la Marine Française, Paris 1926)

Die de Ruyterschen Signalvorschriften enthielten auch Signale für das Untersegelgehen, für Wendemanöver des Admiralschiffes und für die Aufforderung zum Kriegsrat zu erscheinen.
Zehn Jahre nach dem ersten englisch-holländischen Seekrieg begannen die Auseinandersetzungen erneut. Im Januar 1665 erklären die Niederländer offiziell den Krieg, die englische Kriegserklärung folgte zwei Monate später am 14. März 1665, und am 13. Juni 1665 fand die Seeschlacht bei Lowestoft statt, an der 109 englische Schiffe mit 4200 Geschützen und 22000 Mann Besatzung teilnahmen und denen 103 holländische Schiffe mit 4900 Geschützen und 21000 Mann Besatzung gegenüber standen. Die englische Flotte bestand aus drei Geschwadern, wie es in den Gefechtsinstruktionen vorgesehen war. Das Zentrum führte der Duke of York auf der ROYAL CHARLES (80). Sein Schiff führte die Standarte und sein Geschwader die rote Flagge. Die Vorhut stand unter dem Kommando von Prinz Rupert, dessen Schiff die Unionsflagge trug. Sein Geschwader führte die weiße Flagge. Die Nachhut führte Admiral Montagu, dessen Geschwader die blaue Flagge aufgezogen hatte. Die holländische Flotte war in 7 Geschwader eingeteilt worden. Sie wurde von Admiral Wassenaer auf der EENDRAGT (76) geführt.

ORDONNANCE DE LOUIS XIV.

Pour les Armées Navales & Arſenaux de Marine.

Du 15 Avril 1689.

Nouvelle Edition augmentée des deux Reglemens par Colonnes.

Le premier, pour les Appointemens des Officiers à la Mer, & Solde des Equipages. Le ſecond, pour la quantité des Munitions, Agrez, Apparaux & Uſtenſiles dont les Vaiſſeaux de chaque rang doivent être munis.

AVEC

Une Table alphabetique des Matieres, qui indique ſous chaque mot, le Titre, l'Article & la Page de l'Ordonnance.

A PARIS

Chez PRAULT, Pere, à l'entrée du Quay de Gêvres, au Paradis, & à la Croix Blanche.

M. DCC. L.

AVEC PRIVILEGE DU ROY.

Titelblatt der „Ordannance de Louis XIV."
Sie galten für die Flotte, mit deren Aufbau Colbert im Auftrag seines Königs 1689 begann.

Estmalig trafen beide Flotten in Kiellinie beim Winde aufeinander. Die Schiffe hatten sich mehrmals passiert bis es zur Meleé kam. Das Halsen wurde jeweils durch ein Flaggensignal eingeleitet. Im Januar 1666 trat Frankreich unter Ludwig XIV. an der Seite Hollands in den Krieg gegen England ein, der im Juli 1667 mit Friedensverhandlungen beendet wurde.
Ludwig XIV. (5. Sept. 1638 – 1. Sept. 1715) hatte, 21-jährig, 1659 die Herrschaft übernommen, Frieden mit Spanien gemacht und mit dem Aufbau einer schlagkräftigen Marine mit Marinestützpunkten in Brest, Rochefort und Toulon begonnen und damit die Richtung seiner zukünftigen Politik angedeutet. Vom 11. bis 14. Juli 1666 hatte im Ärmelkanal die Viertageschlacht getobt, aus der die Holländer siegreich hervorgegangen waren. Unter der Blutflagge, die in einer oder zwei Spitzen endete und im Topp der Besanstänge oder an der Piek der Besanrute wehte, waren sie zum Angriff vorgegangen.
Das Jahrhundert endete mit dem Pfälzischen Erbfolgekrieg 1688 – 1697, in dem Frankreich unter dem nunmehr 50-jährigen Ludwig XIV. gegen England unter dem vom Parlament als König ins Land gerufenen Wilhelm II. von Oranien kämpfte. In den im Verlauf des Krieges geführten Seeschlachten bei Kap Barfleur und La Hougue, die vom 28. Mai bis 2. Juni

1692 ausgefochten wurden, standen sich die Franzosen unter Admiral Tourville und die verbündeten Engländer und Holländer unter Admiral Russel gegenüber. Admiral Edward Russel, der spätere Earl of Oxford (1653 – 26. Nov. 1727) hatte sich auf die erwarteten Auseinandersetzungen auf See gut vorbereitet und am 6. Mai 1691 die „Instructions in the year 1691 for the better ordering of the fleet in sailing by day and by night and by fighting" an seine Kapitäne ausgegeben und damit vor allem die Kiellinie aus Einzelschifffen als das Rückgrat der Flotte in der Schlacht durchgesetzt. Die Zahl der Flaggen, mit denen die Signale gegeben wurden, war auf 12 erhöht worden. Dazu gehörten: die Unionsflagge, eine blaue, eine rote und eine weiße Flagge und Wimpel von der gleichen Farbe; weiter eine gelbe, eine rot-weiß gestreifte, eine rot-weiß-blau gestreifte, eine gelb-weiß gestreifte und eine rote Flagge mit weißem Kreuz. Sie wurden an verschiedenen Stellen der Takelage gehisst, wobei ein Signal immer nur mit einer Flagge gegeben wurde. Die Franzosen kämpften nach einer Gefechtsinstruktion, die der Jesuitenpater Paul Hoste verfasst hatte. Er war zwölf Jahre mit Marschall d'Estrées, dem Herzog von Mortemart, und Marschall Tourville auf französischen Schiffen gefahren und hatte 1697 in Lyon ein Buch herausgegeben, dessen vollständiger Titel lautete:

Französisches Linienschiff 1. Ranges mit der Flagge des Admirals Graf Tourville am achteren Flaggstock. Es kämpfte in der Seeschlacht am 29. Mai 1692 bei Kap Barfleur und La Hogue gegen die verbündeten Engländer und Holländer. Die im Topp der Masten wehenden Flaggen entsprechen Signalen, wie sie Paul Hoste vorgeschlagen hatte. (Les vaisseaux de Tourville, Musée maritime de l'Ile Tatihou 1999)

„L'Art des Armées Navales, ou Traité des Évolutions Navales qui Contient des Règles Utiles aux Officers. Par le Paul Hoste, de la Compagnie de Jesus, Professeur des Mathématiques dans le Séminaire Royal de Toulon". Ein Kapitel bezog sich auch auf die Signale. Mit zwanzig Flaggen, die aus den Farben rot, weiß und blau zusammengesetzt waren und fünf Wimpeln ließen sich 57 Befehle übermitteln. Die Flaggen wurden an den drei Masten, am achteren Flaggstock, an der Bugsprietstänge und einer Rahnock gesetzt. Hinzu kamen am Tage Signale mit Segeln, mit Kanonenschüssen und mit der Admiralsflagge, so dass sich die Zahl der Signale auf 67 erhöhte. Erstmalig waren die Signale systematisch nach Gruppen geordnet worden. Es gab u. a. drei Abfahrtssignale; neun Formationssignale, wobei jeweils eine Flagge an der Besanrute gezeigt wurde; 18 Signale für die Bewegung der Flotte, wobei jeweils eine Flagge unter dem Flaggstock des Großmastes wehte, zehn Signale für die Jagd und das Gefecht, sie wurden mit einer Flagge unter dem Flaggstock des Fockmastes übermittelt und drei Signale für die Beratung, dazu hisste das Admiralsschiff eine Flagge am achteren Flaggstock. Die drei Ankersignale wurden durch Kanonenschüsse und Flaggen übermittelt. Vor dem Signalisieren, und das war neu, wurde ein Anrufsignal gegeben, das die

nachfolgende Befehlsübermittlung ankündigen sollte. Der Angerufene anwortete durch Setzen der gleichen Flagge, dass er bereit sei.
Das Buch von Paul Hoste wurde zum Standardwerk über die Seetaktik im 18. Jahrhundert und zur Grundlage für die Ausbildung der Seeschiffsoffiziere. Es hat viele Jahre gedauert, bis sich die Grundgedanken von Paul Hoste durchgesetzt hatten, denn während der Schlacht mussten sehr häufig aus der augenblicklichen Situation heraus Entscheidungen gefällt werden, für die es keine Regel gab und so blieben die Kapitäne skeptisch. Die taktischen Regeln jedoch als Gerüst aufzufassen und dieses Gerüst mit originellen taktischen Ideen auszufüllen, war die bemerkenswerte Leistung der großen Flottenführer des 18. Jahrhunderts. Ihre Planung für den voraussichtlichen Verlauf der Schlacht, fassten sie in Gefechtsinstruktionen zusammen, die sie mit Signalanweisungen ergänzten.
Die großen Seekriege des 17. Jahrhunderts, die über die Seeherrschaft entscheiden sollten, wurden nachhaltig durch das taktische Konzept der Admirale geprägt. Ihre Leistung bestand darin, den Verlauf der Schlacht weitgehend vorausgesehen und die taktischen Bewegungen der Flotte durch Signale gelenkt zu haben. Ausgehend vom Signalcode des Duke of York von 1673 bis zu den Signalinstruktionen Admiral Vernons

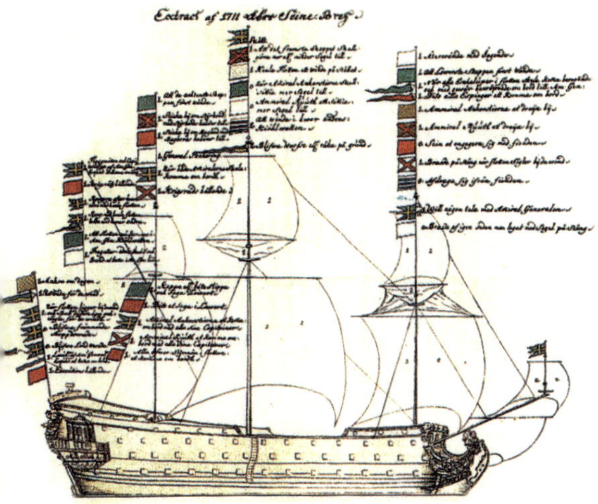

Zusammenstellung der Flaggensignale in einem schwedischen Seinbrief von 1711 (Pedersen, P. E.: Signalering til søs. Marinehistorik Selskabs skrift 24, København 1995)

von 1740 gab es allerdings nur geringe Ergänzungen. Einzig Kompasskurse wurden in die Signalanweisungen aufgenommen. Von einem einheitlichen und allgemein verbindlichen Signalbuch war man in diesem Jahrhundert weiter denn je entfernt.
Zu Beginn des 18. Jahrhunderts lebte die alte Garde der britischen Admirale, der Duke of York (14. Oktober 1633 – 17. Sept. 1701) und Monck (1608 – 1670), nur noch in der Tradition, und Admirale wie Russel (1653 – 26. Nov. 1727) und Rooke (1650 – 24. Jan. 1709) hatten ihre Seeschlacht bei Kap Barfleur und La Hougue 1692 geführt. Jene Admirale, welche die Seeschlachten des 18. Jahrhunderts schlagen sollten, hatten sich unter diesen Admiralen ihre Sporen verdient, die Bedeutung einer guten taktischen Vorbereitung der Schlacht unter ihren Flottenchefs gelernt, innerlich kritisch den Wert der Gefechtsinstruktionen begleitet und ihre Schlussfolgerungen gezogen. Von jung auf hatten sie auf den moderneren Schiffen gedient und kannten deren Manövriereigenschaften genau. Ihnen genügte die Kampfweise und die Taktik ihrer Vorgänger nicht mehr. Sie hatten neue Ideen. Diese Generation der Admirale hatte erkannt, dass zu einer im Kampf beweglichen Flotte ein wirksames Signalsystem gehört.
Die Umsetzung des taktischen Konzepts in Signale

wurde für sie der Schlüssel zum Erfolg. Sie planten mit Akribie den Verlauf der Schlacht und formulierten danach ihre Gefechtsinstruktionen. Mit originellen taktischen Varianten und einer hohen kämpferischen Einstellung der Besatzungen ihrer Schiffe, gewannen sie ihre Schlachten. Die Segeleigenschaften waren durch die größere Segelfläche und ihre Unterteilung in mehr Rahen besser und dadurch ein Variieren der Fahrt möglich geworden. Nicht das Vorbeilaufen an der gegnerischen Linie und der Austausch von Breitseiten entschieden über den Verlauf der Schlacht, sondern das Aufbrechen der gegnerischen Flottenaufstellung.
In dieser Phase versuchte 1714 ein Jonathan Greenwood den ersten Schritt zu einem einheitlichen Signalbuch für die Royal Navy zu tun. Es sollte gleichzeitig ein Taschenbuch für Offiziere niedrigen Ranges sein. Er hatte sich die Fighting Instructions von Russel zum Vorbild genommen und in seinem Buch „The sailing and fighting instructions or signals as they are observed in the Royal Navy of Great Britain“ 106 Tagsignale, welche mit zwölf verschiedenen Flaggen, einigen Wimpeln und mit den Segeln gegeben wurden, zusammengestellt. Acht verschiedene Nebelsignale wurden mit Kanonenschüssen gegeben. Für die neunzehn Nachtsignale wurden bis zu sieben Laternen an verschiedenen Stellen der Takelage aufgehängt. Das

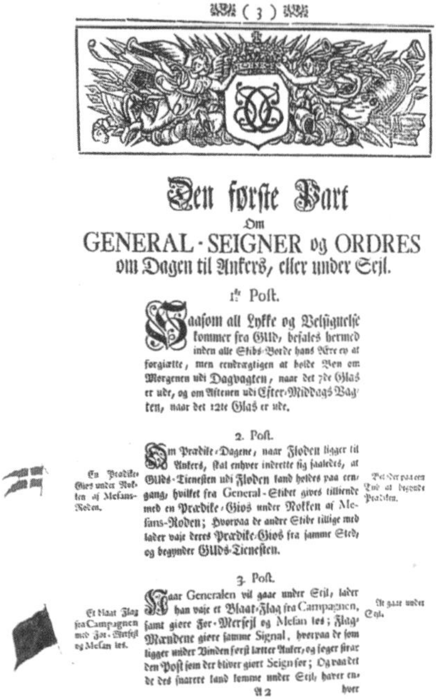

(3)

Den første Part

Om

GENERAL - SEIGNER og ORDRES om Dagen til Ankers, eller under Sejl.

1ste Post.

Saasom all Lykke og Velsignelse kommer fra GUD, befales hermed inden alle Skibs-Borde hans Ære ey at forgiætte, men eendrægtigen at holde Ben om Morgenen udi Dagvagten, naar det 7de Glas er ude, og om Aftenen udi Efter-Middags Vagten, naar det 12te Glas er ude.

2. Post.

En Prædike-Gios under Rokken af Mesans-Roden.

Om Prædike-Dagene, naar Floden ligger til Ankers, skal enhver indrette sig saaledes, at GUds-Tienesten udi Floden kand holdes paa een gang, hvilket fra General-Skibet gives tilkiende med en Prædike-Gios under Rokken af Mesans-Roden; Hvorpaa de andre Skibe tillige med lader vaje deres Prædike-Gios fra samme Sted, og begynder GUds-Tienesten.

Det Der paa een Tid at begynde Prædiken.

3. Post.

Et blaat Flag fra Campagnen med For-Mersejl og Mesan løs.

Naar Generalen vil gaae under Seil, lader han vaje et Blaat-Flag fra Campagnen, samt giøre For-Mersejl og Mesan løs; Flag-Mændene giøre samme Signal, hvorpaa de som ligger under Vinden først letter Anker, og seiger sirar den Post som der bliver giort Seign for; Og paa det de des snarere kand komme under Seil, haver en-

At gaae under Seil.

A 2 hver

Auszug aus dem dänischen Signalbuch „Signal - Bog for Hans Kongelige Majestaets Orlogs - Flode“ von 1743 (Pedersen, P.E.: Signalering til søs. Marinehistorik Selskabs skrift 24, København 1995)

Buch blieb der Versuch eines subalternen Seeoffiziers. Erst die britischen Admirale Anson (23. April 1697– 6. Juni 1762), Hawke (1705 – 17. Okt. 1781) Rodney (13. Febr. 1718 – 23. Mai 1792) und Howe (8. März 1725 – 5. Aug. 1799) welche das taktische Konzept der Seeschlachten bis zum Ende des Jahrhunderts prägten, schafften mit ihrer Autorität den Durchbruch zu einem für die Royal Navy verbindlichen Signalbuch.

Das 18. Jahrhundert war reich an großen Kriegen, die um die Vorherrschaft in Europa, nicht nur zu Lande geführt, sondern auch auf den Meeren ausgefochten wurden. Die Seeschlachten im Großen Nordischen Krieg (1700 – 1721), im Spanischen Erbfolgekrieg (1702 – 1713), im Österreichischen Erbfolgekrieg (1740 – 1748), im Siebenjährigen Krieg (1756 – 1763) und im Nordamerikanischen Unabhängigkeitskrieg (1775 – 1783) waren das Betätigungsfeld der Admirale. Die Seekriege Großbritanniens gegen die französische Republik (1793 – 1802) und das französische Kaiser- reich (1804 – 1815) lieferten die Höhepunkte der Seeschlachten.

Im Juli 1700 griff eine britisch-niederländische Flotte unter den Admiralen Rooke und Almonde (Holland) . auf der Seite von Schweden in den Nordischen Krieg ein.

In der Seeschlacht am 4. Oktober 1710 stand die dänische Flotte unter Admiral Gyldenlöwe mit 26 Linienschiffen in der Kjögebucht der schwedischen Flotte unter Admiral Graf Wachtmeister gegenüber. Eine Signalinstruktion scheint es auf dänischer Seite nicht gegeben zu haben, denn erst 1711 wurde das von General-Admiral-Leutnant Gyldenlöwe verfasste „Signal-Bog for Hans Kongl: Maysts: Orlogs = Flode“ gedruckt. Die Signale wurden mit der Königlichen Flagge, der Königlichen Gösch, dem Königlichen Wimpel, 18 Flaggen und drei Wimpeln gegeben. Obgleich Dänemark sich in den folgenden Jahren aus allen kriegerischen Auseinandersetzungen auf See heraushalten konnte, wurden die Gefechtsinstruktionen und Signalanweisungen immer wieder überarbeitet und an den aktuellen Stand angepasst. 1743 hatte sich die Zahl der Flaggen gegenüber dem Signalbuch von 1711 schon auf 31 erhöht.
Der Siebenjährige Krieg (1756 – 1763) als der erste große weltweite See- und Landkrieg war das Ergebnis einer auf Konfrontation ausgerichteten Politik der europäischen Mächte. Die von Friedrich II. verfolgte Bündnispolitik mit dem Ziel, ein starkes Preußen zu schaffen und die Rivalitäten im Seehandel zwischen England und Frankreich und ihr Streben nach Vorherrschaft im Raum der westindischen Kolonien,

führte zum Ausbruch des Krieges. Aus dieser Interessenlage waren Bündnisse entstanden. Zunächst die Neutralität zwischen Preußen und England, die im Neutralitätsvertrag von 1756 zu Westminster besiegelt worden war. Durch sie wurde das mit England verbündete Russland aus einem Krieg gegen Preußen herausgehalten. Preußen durfte nach dem Vertrag aber auch nicht das mit ihm verbündete Frankreich in einem Krieg gegen Hannover unterstützen. Dänemark war ab 1756 in den Siebenjährigen Krieg involviert und musste sich mit seiner Flotte auf die Auseinandersetzungen vorbereiten. Am 27. November 1751 nahm eine Kommission ihre Arbeit auf, die das Signalbuch aktualisieren sollte. Am 8. Juli 1756 wurde das „Signalbog for Hans Kongelige Majestaet's Orlogs-Flaade“ veröffentlicht. Zum Flaggenstell gehörten 35 Flaggen, vier mehr als 1743. Dazu gehörten die waagrecht blau-weiß-rot gestreifte Flagge, die rote Flagge mit weißem Kreuz (der Danebrog), die waagerecht blau-weiß-blau gestreift Flagge und die blaue Flagge mit dem weißen Andreaskreuz.

Einen etwas anderen Weg bei der Ausgestaltung seiner Signalinstruktionen ging auf englischer Seite Admiral Rodney, obgleich auch er das Grundprinzip: mehr Signale, mehr Flaggen beibehielt. Er benutzte zum ersten Mal Zweiflaggensignale, die er in die

Signalinstruktion für die Vorbereitung der Eroberung von Martinique im Januar/Februar 1762 aufgenommen hatte, bei der 14000 Mann unter Generalmajor Monckton gelandet werden sollten. Beispielsweise wehte am Besanmast eine gelbe und eine blaue Flagge, wenn sich alle Marines der Flotte zur Landung bereit machen sollten. Wehte dagegen am Besanmast eine gelbe und eine blaue Flagge und ein roter Wimpel darunter, hatten die Marines der Zentrumsdivision zur Landung bereit zu sein. Das grundlegende Prinzip, eine oder mehrere Flaggen an einem bestimmten Platz der Takelage zu hissen, behielt er bei und legte so den Grundstock für die späteren Mehrflaggensignale. 1746 war man noch mit 16 Flaggen ausgekommen, die an verschiedenen Stellen der Takelage gehisst wurden und mit denen 144 Befehle übermittelt werden konnten, 1780 dagegen brauchte man schon 50 Flaggen, die an sieben verschiedenen Stellen gehisst wurden, um 330 Signale übertragen zu können.

In der Diderot'schen Enzyklopädie, dem Standardwerk über das gesicherte Grundwissen der europäischen Gesellschaft in der Mitte des 18. Jahrhunderts geben Bildtafeln einen Überblick über den seinerzeitigen Stand der Signalgebung in der Marine.

Die Flaggen werden an der Großbramstenge, am hinteren Flaggenstock, an der Fockmaststenge und an der

Pl. 6.

Benard Direx.

Marine, *Evolutions navales*.

Die Schiffsbewegungen zum Formieren der Linienschiffe vor der Schlacht wurden vom Admiral mit Flaggensignalen nach den „Tactique navale ou traité des évolutions et des signeaux 1764 von M. le Vicomte de Moroques“ gelenkt. (Recueil de planches du dictionaire raisonné, Genève 1778)

Besanmaststenge gesetzt und die Befehlsinhalte umfassen: Klarmachen, Anker lichten, Segel hissen; Kapitäne an Bord des Admirals; Kapitäne und Steuermänner an Bord des Admirals; Kommandant sprechen; Entdecken von feindlichen Schiffen; Alle Schiffe in Linie hinter den Admiral; Land in Sicht und Gefahr im Verzuge.

In dem 1767 in London erschienenen Buch „Seamen's Vademecum" von W. Mountaine wird darüber hinaus der Befehlsrahmen für die Konvoienfahrt berücksichtigt, wobei die Zuordnung des Flaggensignals zum verbalen Befehl den Flottenführern überlassen bleibt. So heißt es beispielsweise: „Wenn der Commodore den Schiffen unter seinem Convoy mitteilen will, dass sie sich zum Versegeln vorbereiten sollen, löst er sein ... Segel" oder „Wenn sie den Anker hieven sollen, löst er sein ... Segel und feuert ... Schuss". Insgesamt werden zwanzig solcher Befehlsinhalte zusammengestellt, die ein geordnetes Fahren im Konvoi sichern.

Nachdem der Siebenjährige Krieg beendet, die Seeschlachten bei Kap Santa Maria und Quiberon unter den Admiralen Boscawen und Hawke geschlagen und 1763 im Frieden von Paris und Hubertusburg Preußen seine Besitzungen hatte halten und Großbritannien seinen Besitz durch den Gewinn von Kanada, Florida und Lousiana wesentlich hatte erweitern können, begannen ein paar friedliche Jahre, Zeit für eine Bilanz. In Frankreich erschien 1764 das grundlegende Buch über die seetaktischen Erfahrungen zweier vergangener großer Kriege „Tactique navale ou traité des évolutions et des signeaux“ von M. le Vicomte de Moroques. Dieses Buch beinflusste die weitere Entwicklung nachhaltig. Die alte britische These seit Elisabeth I., dass ein Kapitän alles tun müsse, was ihm seine seemännische Denkweise eingibt, wurde durch den Grundsatz ersetzt, in Geschwadern zu denken, Flotten- und Geschwaderdrill als Voraussetzung für den Erfolg zu sehen. „Die am besten gedrillte Flotte wird siegen“[33] waren Kempenfelt's Worte, denn über den Ausgang einer Schlacht zwischen gleich starken Flotten würde ein einfaches und gutes Signalsystem entscheiden. Schwerpunkt der Taktik musste Mobilität und Konzentration der Mittel unter den Bedingungen eines luv - oder leeseitigen Angriffs sein.

Diesen Grundsätzen wurde zuerst in dem 1775 ausgebrochenen amerikanischen Unabhängigkeitskrieg gefolgt. Die Seeschlachten zwischen Großbritannien und der französischen Flotte bei Quessant (27. Juli 1778) und bei St. Vincent (16. Januar 1780) wurden zu Paradebeispielen für eine gute Führung der Flotte durch Signale.

---

[33] Corbett, J. S.: Signal and Instructions 1776 – 1794, London 1908, S. 3

Zusammenstellung von Tagessignalen für den Gebrauch in der Flotte nach: Recueil de planches pour la nouvelle édition du dictionnaire raisonné, Genève 1778

Fig. 9

Anker lichten; weiße Flagge

an der Großbramstenge und ein Schuss

Fig. 10
Kapitäne an Bord des Admiralsschiffes; weiße Flaggen am Topp des Großmastes und Windfahnen im Topp der anderen Masten und am achteren Flaggstock

Fig. 11

Kapitäne und Steuerleute zum Admiral;
rote Flagge am achteren Flaggstock, sonst wie vorher

Fig. 12
Kapitän möchte Admiral sprechen:
ein Kanonenschuss

Fig. 13
Feind entdeckt; Schiff dreht bei und zeigt weiße Windfahnen im Topp der Masten und am achteren Flaggstock

Fig. 14
Schiffe folgen dem Admiral; zwei Windfahnen im Topp des Fockmastes und des Besanmastes und am achteren Flaggstock (Abb. fehlerhaft- d. A.)

Fig. 15

Land in Sicht; Schiff dreht bei und setzt Windfahnen am Fock-, Groß- und Besanmast, große weiße Fahne am achteren Flaggstock

Fig. 16
Gefahr im Verzuge; zusätzlich ein Kanonenschuss

Sie hatten aber auch die Grenzen der Leistungsfähigkeit des bisherigen Signalsystems sichtbar werden lassen. Mit mehr und differenzierteren Befehlsinhalten musste bei dem bisherigen Prinzip die Zahl der Flaggen unverhältnismäßig zunehmen. Das Prinzip, nur eine Flagge an einem Ort der Takelage zu zeigen, konnte nicht beliebig fortgesetzt werden.
Der Erhöhung der Zahl der Flaggen waren Grenzen gesetzt, denn mit den Farben rot, blau, gelb, schwarz und weiß war nur eine begrenzte Zahl gut unterscheidbarer geometrischer Muster möglich. Die Zeit für eine grundsätzliche Neugestaltung des Signalbuches war herangereift. Einerseits mußte die Anzahl der Flaggen, ihre Farbe und die geometrische Gestaltung von den Befehlsinhalten unabhängig, also zu einem definierten Code werden, andererseits musste die Zusammenstellung der Befehle und ihre Gliederung im Signalbuch gleichermaßen unabhängig vom Flaggencode sein.
Das Verdienst, diese Zusammenhänge erkannt und den ersten Schritt auf dem neuen Weg gegangen zu sein, gebührt Admiral Howe. Er hatte als junger Kapitän am 23. Juni 1756 seine ersten Signalinstruktionen erlassen und ihren Wert in den folgenden Jahren mehr und mehr schätzen gelernt.

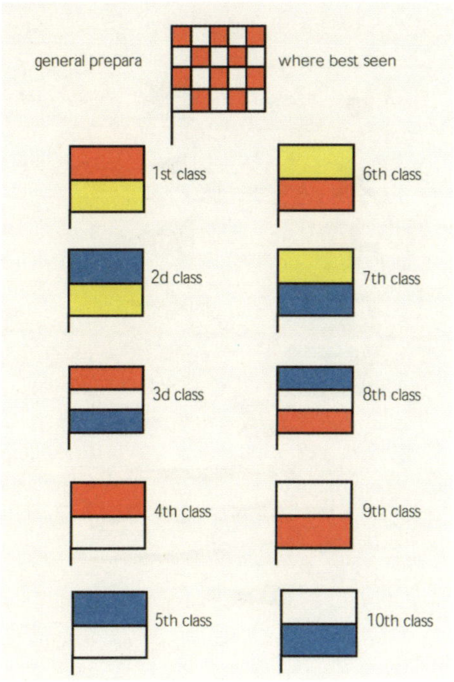

Flaggensatz von Sir Charles Knowles 1778
(The birth and progress of modern signalling. Nautical Magazine 76 (1907) 385)

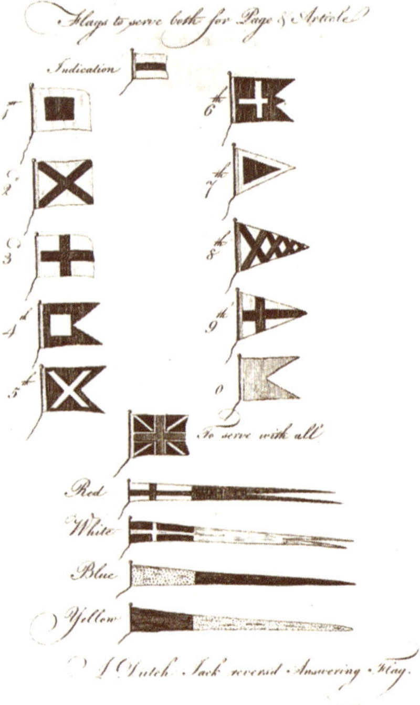

Flaggensatz nach einem Vorschlag von T. West
(West, T.: Naval Signal constructed of a new plan,
London 1788)

Mit den Erfahrungen, die er in den Seeschlachten und bei den großen Landungsunternehmen während des Siebenjährigen Krieges (1756 – 1763) sammelte, verbesserte und ergänzte er seine Signalinstruktionen. 1776 übernahm er das Kommando in den nordamerikanischen Küstengewässern und erließ für seine Flotte am 12. Juli 1776 „Instructions and standing orders for the North American Station“, die er in den folgenden Jahren immer wieder ergänzte. Am 1. Juli 1777 unterstützte er den Transport der englischen Armee von New York nach Cheasepeake mit den „Additional Instructions respecting the conduct of the Fleet preparative to and in action with the enemy“, die erstmalig durch ein gedrucktes Signalbuch mit einem Ordnungsprizip ergänzt worden waren, das eine uneingeschränkte Erweiterung der Befehle zuließ, ohne dass zunächst die Zahl der Flaggen erhöht werden musste. Er hatte die Befehle des Signalbuchs vom Flaggencode getrennt. Den Seiten des Signalbuchs entsprach der Ort, an dem die Flagge gezeigt wurde und jede Flagge hatte die Bedeutung einer Ziffer, die den Befehl auf einer Seite markierte. Damit war es nur noch ein kleiner Schritt zu einem Signalsystem mit zwei Flaggen, denn der Ort ließ sich leicht durch eine bestimmte bezifferte Flagge ersetzen. Der erste Schritt zur Tafelmethode, einem Zweiflaggensystem, war getan.

Im September 1778 kehrte Admiral Howe nach Europa zurück und verfolgte seinen Grundsatz „Die Taktik muss die Grundlage des Signalbuchs sein und nicht die Gefechtsinstruktion“[34] konsequent weiter. Er blieb seinem einmal eingeschlagenen Weg treu, das Signalbuch zu verändern und damit übersichtlicher zu machen. Es gelang ihm mit dem einfachen Kniff, die Flaggen mit Ziffern zu belegen und sie den Zeilen und Spalten eines quadratischen Schemas zuzuordnen. Zwei Ziffern und damit zwei Flaggen markierten ein Feld der Tafel. Das war sie, die „Tafelmethode“, das Signalbuch nach einem neuen Ordnungprinzip. Gegen 1780 trat Howe mit diesem Signalbuch an die Öffentlichkeit. Er hatte seine Signale in solche eingeteilt, die mit dem Admiral gewechselt werden konnten und in einer Tafel mit 16 x 16 Flaggen also 256 Befehlen zusammengefasst waren und solche, die er mit zehn Flaggen nach der alten Methode – Flagge an verschiedenen Stellen der Takelage – übermittelte. Als Howe 1782 das Kommando über die Kanalflotte übernahm, organisierte er deren Schlagkraft mit Signalinstruktionen, die nach dem Tafelsystem aufgebaut waren. Sie trugen den vollständigen Titel „Day, night and fog signals, corresponding to the instructions attributed to Lord Howe 1782. Tabular numary system“ oder „An alphabetical index to the signals by day contained in the general and

---

[34] Ebenda S.21

additional sailing and fighting orders“. 1794 umfasste sein Flaggensatz 26 Flaggen und einen Wimpel. Die Tafelmethode, das System mit zwei Flaggen, stieß damit an ihre Grenze.

Neben Howe waren auch die Admirale Knowles und Kempenfelt zu der Auffassung gekommen, dass die Zeit für ein anderes Signalsystem herangereift sei. Knowles hatte bereits 1778 als junger Leutnant zur See die ersten Überlegungen angestellt, um die Signalanweisungen zu systematisieren. Seine Gedanken hatte er in „A Set of Signals for a Fleet on a Plan entirely new“ niedergelegt. Er schlug vor, den Code in Klassen und diese wieder in einzelne Anweisungen einzuteilen. Für jeweils eine Klasse wurde eine Flagge an einem bestimmten Ort gehisst, für die Anweisungen innerhalb dieser Klasse an einem anderen Ort gezeigt.

Der Flaggensatz bestand aus vier horizontal gestreiften, zweifarbigen Flaggen und einer Flagge aus drei horizontalen Streifen. Da die Flaggen auch umgekehrt aufgezogen werden konnten, ergaben sich zehn verschiedene Signalflaggen. Ergänzt wurde der Flaggensatz durch die schachbrettartige rot-weiße Signalflagge mit der Bedeutung: "general prepare where best seen". Die zehn Signalflaggen erhielten die Bezeichnung 1. Klasse, 2. Klasse usf.

Flaggensatz, den Lord Howe 1794 für die Übermittlung seiner Befehle benutzte.
(The birth and progress of modern signalling. Nautical Magazine 76 (1907) 385)

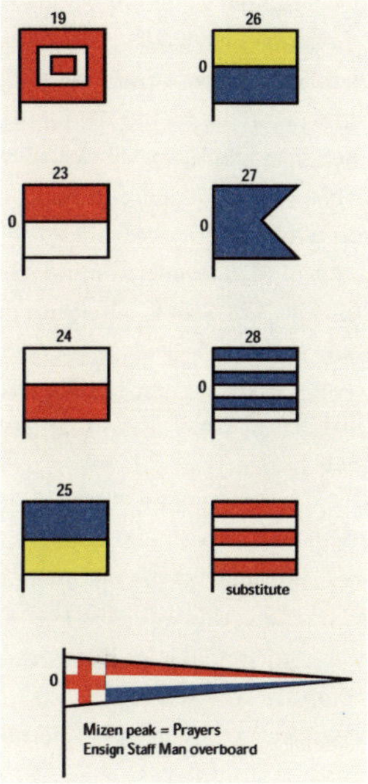
19
26
0
23
0
27
0
24
28
0
25
substitute
0
Mizen peak = Prayers
Ensign Staff Man overboard

Auch mit ihnen wurden Zeilen und Spalten eines quadratischen Schemas markiert. Die Signalelemente waren Ziffernflaggen, ihre Anzahl legte die Größe der Zahlentafel und damit die Menge der codierten Befehle fest. Zusätzlich benutzte Knowles vier Wimpel mit den Farben rot, blau, gelb und dreifarbig. Auch er war damit bei der Tafelmethode gelandet.

Admiral Kempenfelt traf mit Admiral Howe zusammen, als dieser 1782 den Oberbefehl über die Kanalflotte übernahm. Er war während des Siebenjährigen Krieges Flaggkapitän in Ostindien gewesen und hatte seit 1779 als Chief of the Staff unter Admiral Hardy gedient. In den Jahren 1781 bis 1782 verfasste er Instruktionen in dessen Untertitel es hieß: „Combined old system and tabular numerary system." Das Signal selbst spielte für ihn nur eine nachgeordnete Rolle, es war das Vehikel, mit dem der taktische Befehl, d. h. die Aufstellung der Flotte, ihre Einteilung in Geschwader, der Abstand der Schiffe in der Linie und der Geschwader untereinander übermittelt wurde. Die Befehle hatten Ziffern, z. B. 102, 103 und wurden mit bezifferten Signalflaggen gegeben.

Auf die weitere Entwicklung des Signalwesens hatte das Buch des Schotten John Clerk „Essay on Naval Tactics", das 1781 geschrieben wurde, entscheidenden Einfluss, denn der Verfasser vertrat die Auffassung, dass die starre Kiellinie und das reine Artilleriegefecht Schiff gegen Schiff überholt seien. Seiner Meinung nach würde der Gewinn einer Schlacht durch eine elastische Führung der Flotte eher erreicht, wenn dabei gleichzeitig alle Kräfte auf einen Teil der feindlichen Streikräfte konzentriert würden. Das entscheidende taktische Element sei der Durchbruch durch die feindliche Linie und das Doublieren.

Während des Seekrieges zwischen Großbritannien und der französischen Republik in den Jahren 1793 bis 1802 wurden Signalinstruktionen benutzt, die durch die Autorität der Admirale allgemeine Gültigkeit erlangt hatten. Sie hatten ihre Brauchbarkeit in der Seeschlacht bei Quessant, die vom 28. Mai bis 1. Juni 1794 tobte und die mit dem Sieg der Engländer über die Franzosen am „Glorious first of June" endete, bewiesen. Sie hatten auch ihre Wirksamkeit in den Schlachten bei St. Vincent, am Nil und bei Camperdown unter Beweis gestellt.

Der Inhalt des Signalbuchs war mit einem Flaggensatz aus 26 Flaggen und einem Wimpel verschlüsselt. Fünf Flaggen hatte Howe aus dem Flaggensatz von Knowles entnommen. Es waren das die Flaggen blau-gelb und gelb-blau; rot-weiß und weiß-rot horizontal gestreift und die blau-weiß-rot gestreifte Flagge. In der Ziffernfolge fehlten Flaggen für die Ziffern: 20, 21, 22.

Die Flagge 29 war dreifach blau-weiß gestreift und hatte die Bedeutung von „Achtung“; die Flagge dreifach rot-weiß gestreift die Bedeutung „Ersetzen“.
Howe's Erfahrungen aus der Seeschlacht bei Quessant und Admiral Jervis Schlussfolgerungen aus der Seeschlacht bei St. Vincent, die am 14. Februar 1797 zwischen der britischen Flotte und der spanischen Mittelmeerflotte unter Admiral Cordoba stattfand, trugen das ihre dazu bei, das Signalbuch weiter zu überarbeiten. Das Ergebnis war das „Mediterranean signalbook. Numerary system and tabular private ship signals, as used at the Nile and St. Vincent“. Die französische Flotte wurde in diesen Jahren nach dem Signalbuch von Jean Bart „Signeaux Généraux de jour, de nuit et de brume à la voile, et à l'ancre, àlusage des armées navales de la République Francaise 1797“, das auch nach der Tafelmethode aufgebaut war, gelenkt.
Man schrieb das Jahr 1800. Britische Schiffe lagen vor Kopenhagen. An Bord von H. M. S. ROMNEY befand sich jener Mann, Sir Home Riggs Popham, dem es nach einem jahrhundertelangen Tüfteln am Signalbuch beschieden sein sollte, die Verschlüsselung von Befehlen in ihre endgültige Fassung zu bringen. Mag das Warten auf die Schlacht oder die Beschäftigung mit dem Signalbuch den letzten Anstoß dazu gegeben

Der Ausschnitt aus dem Gemälde „Der Kampf der VENGEUR 1794“, das Antoine-Léon Morel-Fatio (1810 – 1871) 1840 malte, zeigt ein Zweiflaggensignal im Topp des Großmastes (Musée des Beaux – Art de Rouen)

haben. Er fand das Prinzip, mit dem es möglich wurde, jede beliebige, nicht vorausgesehene Nachricht mit Signalflaggen auszudrücken. Sein Signalbuch enthielt keine Sätze, sondern zunächst nur 1 000 verschiedene Wörter und die Buchstaben. Sie wurden mit Mehrflaggensignalen verschlüsselt, und dazu benutzte er einen Flaggensatz mit zehn Ziffernflaggen und einer Flagge, die anzeigte, dass nach dem Signalbuch gelesen werden sollte. 1803 übernahm die Royal Navy dieses Signalbuch.

Zwei Anekdoten mögen am Ende dieses Kapitels stehen. Es war im April 1801. Wieder lagen britische Schiffe auf der Reede vor Kopenhagen. Das Geschwader unter Admiral Hyde Parker sollte Dänemark zum Austritt aus der bewaffneten Neutralität bewegen. Nachdem Vizeadmiral Nelson am 1. April im Schutz der Nacht in den Sund vorgestoßen war, begann er am Morgen des 2. April mit dem Angriff. Die Dänen wehrten sich erbittert, so dass Admiral Hyde Parker beschloss, die Schlacht abzubrechen. Er setzte das Flaggensignal Nr. 39, das Signal zum Abbruch des Kampfes. Auf dem Flaggschiff ELEPHANT, das Nelson führte, tat sich nichts. Ein Leutnant fühlte sich verpflichtet, Lord Nelson zu fragen, was das Signal zu bedeuten habe, worauf Nelson anwortete: „Man verdamme mich, wenn ich es tue“. Dann nahm er das

Fernglas an das blinde Auge und erklärte: „Ich sehe das Signal nicht.“ Zwar konnten die Briten die Schlacht nicht gewinnen, aber es gelang Nelson nach einem Vergleich, seine schwer angeschlagenen Schiffe aus der aussichtslosen Lage herauszuführen.
Am 21. Oktober 1805 traf bei Trafalgar die britische Flotte unter Lord Nelson auf die Flotte der verbündeten Franzosen und Spanier unter Admiral Villeneuve. Es kam zu jener Seeschlacht, die nicht nur durch den Tod des legendären Seehelden Lord Nelson berühmt wurde, sondern auch als die letzte große Auseinandersetzung auf See im 18. Jahrhundert in die Seekriegsgeschichte eingegangen ist. Nelson hatte durch seine Aufklärungsfregatten vom Auftauchen der verbündeten französischen und spanischen Flotte erfahren und seinem Flaggleutnant befohlen, das Angriffssignal zu geben. Nach einigem Nachdenken sagte er: „Wir telegraphieren, ‘Nelson verlässt sich darauf, dass jeder Mann seine Pflicht tut.“ Der Offizier ersetzte zunächst das Wort „Nelson“ durch „England“. Er war der Ansicht, dass das für die Flotte wohl kaum einen Unterschied machen würde. Dann sah sich der Offizier noch einmal die Botschaft an und sagte zu Nelson, eingedenk des Befehls: "Wenn Eure Lordschaft mir erlauben möge, das Wort expects für confides zu setzen, lässt sich der Satz leichter übermitteln, expects ist im

Vokabular enthalten und confides müsste buchstabiert werden." Nelson akzeptierte diese Änderung mit den Worten: „Mache schnell, ich habe mehr zu tun." Und so wurde dieses berühmte Signal „England (Nr. 253) expects (Nr. 269) that (Nr. 863) every (Nr. 261) man (Nr. 471) will (Nr. 958) do (Nr. 220) his (Nr. 379) D (Nr. 4) U (Nr. 21) T (Nr. 19) Y(Nr. 24)" in zwölf aufeinander folgenden Heißen vom Admirals- schiff an alle Schiffe übermittelt. Es spornte sie an, im Kampf das letzte zu geben und führte schließlich zum Sieg.[35] Die Schlacht bei Trafalgar hatte den Wert eines Signalbuchs nach dem System von Sir Popham endgültig bewiesen.

Die Flaggensätze in den Kriegsmarinen bewahrten im folgenden Jahrhundert und darüber hinaus ihren nationalen Charakter. Sie enthielten Signalflaggen, die sich von denen des Internationalen Signalbuchs der Handelsmarine unterschieden. Völlig anders war dagegen der Inhalt des geheim gehaltenen Signalbuchs. Er wurde immer wieder an die neuesten technischen Entwicklungen in der Kriegsmarine angepasst und im Abschnitt über die taktischen Befehle aus den Erfahrungen, aber auch aus Kenntnissen über gegnerische Marinen ergänzt.

---

[35] Davenport, W. S.: Signalling – ancient and modern). Nautical Magazine 94 (1907, 2) 102

Auf dem Weg zum Internationalen Signalbuch

Das Signalbuch in den Marinen war für die Flottenbewegung, aber mehr noch im Gefecht, zu einem unumgänglichen Mittel für das erfolgreiche Führen einer Seeschlacht geworden. Dort, wo viele Schiffe sich dem Willen eines Einzelnen zu unterwerfen hatten, ja aus Gründen eigener Sicherheit auch unterwerfen mussten, waren Flaggensignale unverzichtbar. Wie häufig entschieden Signale über die taktische Überlegenheit!

In der Handelsschifffahrt war das anders. Mit wem sollte der schwerfällige Segler Signale wechseln, wenn er allein auf den Meeren seinen Kurs segelte. War es da nicht manchmal sogar besser, sein Ziel geheim zu halten, wie die Phöniker es um 1200 v. Chr. im Mittelmeer taten, um ihre Handelsplätze nicht preisgeben zu müssen? Handelsware auf Schiffen transportiert, weckte zu allen Zeiten die Begehrlichkeiten von ärmeren Küstenbewohnern. Ob Vitalienbrüder, Korsaren oder Flibustier, ob mit oder ohne Kaperbrief, Piraten waren immer eine Gefahr für den friedlichen Handel über See. Venedig hatte um 1000 unter dem Dogen Pietro Orseolo II. versucht, durch Kriegszüge gegen die dalmatinischen Küstenorte, die Kauffahrer vor Überfällen zu schützen. Aber eine dauerhafte Sicherheit gegen Raub auf der Adria ergab das auch nicht.

Nach den überseeischen Entdeckungen 1492, als die

Eroberer die besetzten Länder ausraubten und Schätze und Landesprodukte mit Flotten ins Mutterland verbrachten, waren Schiffsladungen eine besonders geschätzte Beute und manch Herrscher gab Kaperbriefe aus, um auch am Seeraub teilhaben zu könen. Die Länder, die aus ihren überseeischen Kolonien all das herausholten, was in den Mutterländern guten Absatz fand, waren gezwungen, ihre Transportflotten vor den Übergriffen der Kaperer zu schützen und so stellten sie, so lange, wie das Kapern fremder Schiffe zum Alltag auf See gehörte, Konvois aus Handelsschiffen zusammen, die von stark armierten Segelkriegsschiffen begleitet wurden.

Der Führer eines Konvois, der Konvoienadmiral, legte, bevor die Flotte in See stach, in einem Admirals- oder Seinbrief Signale fest, die im Bedarfsfall benutzt werden sollten. In der Hamburger Konvoienfahrt des 17. Jahrhunderts rief der Konvoienkapitän seine Schiffer durch ein Signal zu sich an Bord, wenn sich der Konvoi zur Abfahrt bereithalten sollte. Er teilte ihnen den Inhalt des Seinbriefs und die geltenden Signale mit, die er in bestimmten Fällen geben würde. Das bevorstehende Auslaufen wurde durch eine blaue Flagge angezeigt. Wehte eine weiße Flagge auf dem Schiff des Führers des Konvois, rief er seine Schiffer zu sich an Bord. War Gefahr im Verzuge und die

Schiffe sollten vorauslaufen, setzte er eine rot-weiß gestreifte Flag- ge. Mit einer roten Flagge gab er den Befehl zum Ankern. 1804 hatte ein Kapitän Keith Maxwell von der Royal Navy ein Signalbuch für eine Konvoienfahrt, die er am 2. Dezember auf H. M. S. ARAB führte, verfasst. Er schrieb: „Ich habe den Befehl von der Admiralität erhalten, so schnell wie möglich für die Kanal- und Nordseeflotte Telegraphensignale zu formulieren. Es war die für mich wichtigste Aufgabe."[36]

Sein Flaggensatz bestand aus zehn Flaggen: (1) weiß mit blauem Kreuz, (2) weiß mit blauem Rand, (3) blau mit gelbem Schrägkreuz, (4) rot-weiß geviertelt, (5) gelb-rot-gelb horizontal gestreift, (6) blau-weiß-rot horizontal gestreift, (7) blau-weiß-blau vertikal gestreift, (8) einfarbig weiß, (9) gelb und blau vertikal halbiert, (0) weiß und blau diagonal halbiert. Der erste Hilfswimpel war gelb und hatte oben und unten einen schwarzen Rand. Der zweite Hilfswimpel und der Antwortwimpel waren vertikal weiß und rot geteilt. Das Signalbuch umfasste 66 Seiten. Zu den Signalen zählten auch die Schiffsnamen, der Name des Kapitäns und der Bestimmungshafen. Die Signale wurden an Vor- oder Hauptmast gesetzt.

Am 24. März 1805 vereinbarten beispielsweise in Cork Kapitän William Champain von H. M. S. JASON und

---

[36] Mead, H. P.: An account of the convoy drill (signal) book. Mariner's Mirror 32 (1946) 42

Thomas Wood, Master des Handelsschiffes WILLIAM AND JAMES für die gemeinsame Fahrt zu den westindischen Inseln einen Signalcode. Zu den Flaggen gehörten eine horizontal gelb-rot-gelb gestreifte Flagge und ein roter Wimpel, der unter der Flagge gesetzt wurde. Die vereinbarten Signalinhalte betrafen die Ablegemanöver, die Manöver während der Fahrt und die Kompasssignale. Das Notsignal wurde durch Niederholen des Union Jack gegeben.
Als das französische „Système continental", die Kontinentalsperre, die Napoleon I. nach der verlorenen Seeschlacht bei Trafalgar am 21. November 1806 als mittelbare Waffe des Seekriegs gegen England dekretiert hatte, seinen Sinn verlor und auch die britische Navigationsakte durch ein Abkommen mit Nordamerika liberalisiert wurde, ging die Zeit der Konvoienfahrt zu Ende und wurde vom Handel mit Einzelschiffen abgelöst. Die Neuordnung der europäischen Machtverhältnisse auf dem Wiener Kongreß 1815 hatte sich fördernd auf den Handel ausgewirkt, der besonders mit den jungen Vereinigten Staaten von Nordamerika zunahm. Dieser Kontinent als neuer Handelspartner für Europa entdeckt, beflügelte Schifffahrt und Schiffbau. Die Meere waren sicherer geworden, die Handelsschifffahrt nabelte sich von der Marine ab. Von der für den Handel zeitaufwendigen

und schwerfälligen Konvoienfahrt vollzog sich der Wandel zur regelmäßigen Abfahrt von Einzelschiffen. Das war die Geburt der Packetfahrt und der ersten Segelschiffsreedereien, die ihre Schiffe nach „Plan“ über den Atlantik segeln ließen. Packetschiffe befuhren regelmäßig immer gleiche Relationen, trafen sich, wollten während der Fahrt Nachrichten austauschen und vor den Häfen erste Nachrichten zum Land übermitteln. Die Gründung der Packetreedereien, der regelmäßige Schiffsverkehr über den Atlantik und die Ausweitung des Ostindienhandels waren Ansatzpunkte für die Schaffung eines Signalsystems für Handelsschiffe. Auch die Versicherer hatten ein Interesse daran, rechtzeitig Nachrichten über die bei ihnen versicherten Schiffe zu erhalten, und schließlich wollte auch der Eigner immer über seine Segler informiert sein. All diese Interessen und das Wachsen der Handelsflotte ließen den Wunsch, auch für den merkantilen Gebrauch ein Signalbuch zu haben, übermächtig werden. Die Zeit für ein Signalbuch in der Handelsschifffahrt war reif. Was lag da näher, als sich die Marine zum Vorbild zu nehmen und Flaggensignale einzuführen. Nach 1803, als Popham's „Marine Vocabulary“ Allgemeingut in der Navy geworden war, hatten auch im zivilen Bereich verschiedene Autoren versucht, Signalbücher zu verfassen, aber mit nur geringem Erfolg. Bewegung kam in das Vorhaben erst, als die East India Company Sir Popham überreden wollte, ein Signalbuch zu schreiben, das sowohl für die Marine als auch für kommerzielle Zwecke benutzbar sein sollte. Das Ergebnis war kläglich, denn entstanden war ein Signalbuch mit vorwiegend marinebezogenen Signalinhalten.

1812 versuchte sich der Liverpooler Agent von Lloyd's an der Aufgabe, ein ziviles Signalbuch zusammenzustellen. Doch auch er scheiterte. Ohne Autorenangabe erschien 1816 das als Woodbridge-Book bekannt gewordene Signalbuch „Code of Signals for Merchants' Ships“ und 1817 eine weitere Veröffentlichung mit dem Titel „The Acadian Code of Signals, by a praktical Telegraphist“, Aber keines dieser Bücher wurde über einen kleinen Kreis von Anwendern hinaus bekannt. Erst mit Captain Frederik Marryat änderte sich das. Er, der 1792 in London geboren, 1806 als Kadett zur See gegangen, und voll von der Krise betroffen wurde, welche die britische Marine zu Beginn des 19. Jahrhun- derts erfasste, als viele tausende Matrosen auf den Straßen lagen und für die Offiziere sich keine Perspektive abzeichnete, hatte in der Schriftstellerei einen Ausweg gefunden.

Nun ließ er sich anregen, über ein Signalbuch für Handelsschiffe nachzudenken.

Der Code von Captain Frederik Marryat
Flaggensatz und entsprechende Nachtsignale

TABELLE VII

Nacht-Signale.

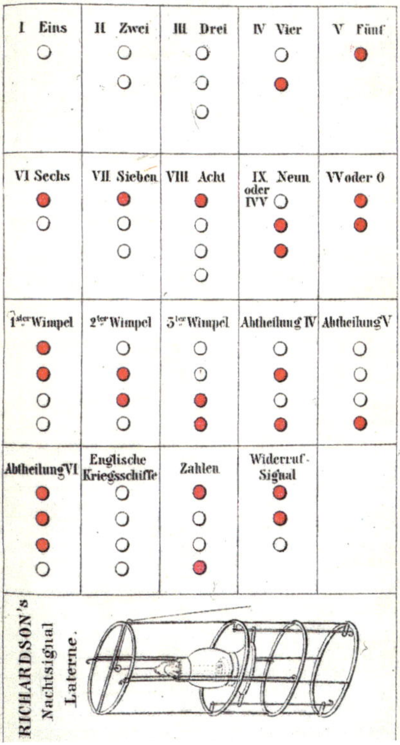

TABELLE II

Abtheilungen des Signalbuches.

1ste Abtheilung	Namen der engl: Kriegsschiffe, werden bezeichnet durch den		Union Jack über der Zahl gehißt.
2te Abtheilung	Namen ausländisch: Schiffe werden bezeichnet durch		No 36 der 5t Abtheilung vor oder hinter der Nummer gehißt.
3te Abtheilung	Namen der Kauffahrtei Schiffe werden bezeichnet, durch den		Ersten, Zweiten, oder Dritten Unterscheid: Wimpel über der No oder an einer anderen Mastspitze gehißt.
4te Abtheilung	Namen der Häfen, Vorgebirge, &c. werden bezeichnet, durch die		Rendezvous Flagge wie erforderlich gehißt.
5te Abtheilung	Sätze oder Gespräche	ohne Unterscheidungsflagge zu gebrauchen	sondern nur die Zahlenflaggen zu hissen wo sie am besten zu sehen sind.
6te Abtheilung	Wörterbuch. wird bezeichnet, durch die		Telegrafen Flagge an irgend einer anderen Mastspitze gehißt.

Der Code von Captain Frederik Marryat
Einfache telegraphische Mitteilung und Besonderheiten beim
Zusammenstellen der Flaggen für spezielle Ziffernfolgen

TABELLE III

Telegrafische Mittheilung.

Mit der Erklärung wie der 1ste u. 2te Untersch: Wimpel bei mehreren Flaggen + als Wiederholungsflagge anzuwenden ist.

Nº 22 wird gemacht indem man
Nº 2
mit dem 1sten Unterscheid:-Wimpel als Wiederholungs-flagge der unmittelbar darüber stehender Flagge hißt.

Nº 202 wird gemacht indem man
Nº 2
Nº 0
mit dem 2ten Unterscheid: Wimpel als Wiederholer der Zweiten Flagge über demselben hißt.

Nº 222 wird gemacht indem man
Nº 2
mit dem 1sten Unterscheid: Wimpel und dem 2ten Untersch: Wimpel hißt.

In der Einleitung seines ersten Signalbuchs fasste er seine Grundgedanken so zusammen: „Der Master eines Handelsschiffes, der ein anders Schiff in sein Verderben steuern sieht, hat gegenwärtig keine Mittel, es vor der Gefahr zu warnen, aber er muss erdulden, diese quälende Situation mit seinen Augen vorauszusehen bis das Schiff auf die Klippen aufgelaufen ist.“[37] Marryat wies darauf hin, dass der Vorteil eines Signalsystems auch darin läge, dass die Eigner die Reise ihrer Schiffe besser verfolgen können, weil sie möglicherweise zwischendurch eine Nachricht von ihnen erhalten. Auch die Versicherer würden besser über die Schiffe Bescheid wissen, die bei ihnen versichert sind. Im November 1817 stellte er dieses Signalbuch der Society of Ship Owners vor, die es beifällig aufnahm und zur Anwendung empfahl. Eigentlich war das Grundprinzip von Popham, Signalbuch und Signalflaggen voneinander zu trennen, beibehalten und nur der Inhalt des Signalbuchs auf zivile Nachrichteninhalte übertragen worden. Allerdings hatte sich Marryat vom Marinesignalbuch vollständig abgekoppelt und sogar einen neuen Flaggensatz „erfunden“. Der Signalcode bestand aus zehn Flaggen für die Ziffern 0 – 9, einer Rendezvousflagge, der Telegraphenflagge, dem Antwortwimpel, zwei Unterscheidungswimpel (Hilfsflaggen) und dem

[37] Lloyd, C.: Captain Marryat and the old navy, London 1939, S. 178

Union Jack. Von der Marine hatte er den „Blauen Peter“ und die Rendezvousflagge von Howe übernommen. Der „Blaue Peter“, der immer dann gehisst wurde, wenn das Schiff bereit zum Auslaufen war, hatte sich bereits so in das Gedächtnis der Seeleute eingeprägt, dass es unsinnig gegwesen wäre, eine andere Flagge einzuführen.

Das Signalbuch selbst bestand aus 6 Teilen. Der erste Teil enthielt eine Liste der Kriegsschiffe. Ihre Kennung bestand aus der Ziffernflagge für die Seite des Signalbuchs und der Flaggenkombination, unter der das Schiff auf dieser Seite aufgeführt war. Da es sich um ein Kriegsschiff handelte, wurde zusätzlich der Union Jack gehisst. Der zweite Teil enthielt eine Liste der Namen von Handelsschiffen, die bei Lloyds registriert waren. Ihre Kennung entsprach der Ziffernkombination aus Lloyds Register. Teil III enthielt Flaggensignale verschiedener Häfen und anderer geografischer Orte. Der vierte Teil, eigentlich der wichtigste, enthielt häufig gebrauchte Sätze und Phrasen mit ihren Ziffernfolgen und der fünfte und sechste Teil Worte und Buchstaben mit ihren Flaggenkombinationen. Beispielsweise stand das Signal aus den drei Flaggen neun, vier und drei in Teil IV unter der Nummer 943 und hatte die Bedeutung: „War has been declared“ (Der Krieg ist erklärt).

Zur Nr. 932 gehörte die Frage „Do you understand?" mit der Antwort 934 „I understand".
1822 verlangte die Admiralität, dass der Union Jack aus dem Flaggensatz herausgenommen wird, denn schließlich sei er die Flagge des Königs und dürfe nicht von Handelsschiffen zum Signalisieren benutzt werden. Die Gesellschaft der Schiffseigner hielt dagegen, dass dann der erste Teil des Signalbuches unwirksam wäre. Doch der Protest hatte keinen Erfolg, und Marryat schrieb am 30. April 1823 an die Gesellschaft: „As their Lordships seem to be decided as to the necessity of the alterations being made in the Code od Signals, it remains to consider how their Lordships' commands may be obeyed, without occasioning inconvenience and confusion."[38] Er schlug vor, den Union Jack mit einem roten Rand zu versehen. Schließlich wurde als Kompromiss der Union Jack mit weißem Rand per Gesetz im Juli 1823 eingeführt. Rasch setzte sich der Code von Marryat in der Handelsschifffahrt durch. Mit Order des Ministers der Marine übernahm Frankreich 1822 den Code für seine Flotte. In begeisterten Leserzuschriften an das Nautical Magazine wurde das Flaggensystem immer wieder gelobt. Marryat überarbeitete und erweiterte sein Signalbuch bis 1837, dann löste er das Copyright, und die Rechte gingen an J. M. Richardson über. Die letzte von ihm

[38] Ebenda S. 180

selbst redigierte Ausgabe erschien 1841. Die Endfassung des Marryat'schen Signalbuchs wurde 1856 herausgegeben. Es bestand nach wie vor aus sechs Teilen. Die Unterscheidungssignale der englischen Kriegsschiffe, die im ersten Teil zusammengestellt waren, wurden aus einer vierstelligen Ziffernfolge gebildet. Im zweiten Kapitel folgte eine Liste der ausländischen Kriegsschiffe und im dritten Kapitel die Liste der Kauffahrteischiffe aller Nationen. Das vierte Kapitel umfasste eine Zusammenstellung der Leuchtfeuer, Leuchttürme, Häfen und anderer für die küstennahe Navigation notwendiger Angaben mit ihren Flaggenkennungen. Wie bisher auch, enthielt das fünfte Kapitel häufig gebrauchte Sätze und Gespräche und das sechste Kapitel eine Sammlung von Wörtern und die Buchstaben. Im Verlaufe von Jahrzehnten waren verschiedene Spezialausgaben, wie z. B. „A Code of Signals ... Auxilliary to Marryat's for the Use of the H. C. Bengal Pilot Service by Arthur Bredford 1845" erschienen.

Obgleich das Signalbuch von Marryat durch die Empfehlung der Society of Ship Owners von den englischen Handelsschiffen benutzt und auch von ausländischen Schiffen übernommen wurde, versuchten sich auch andere Autoren an der „Erfindung" eines Signalbuchs.

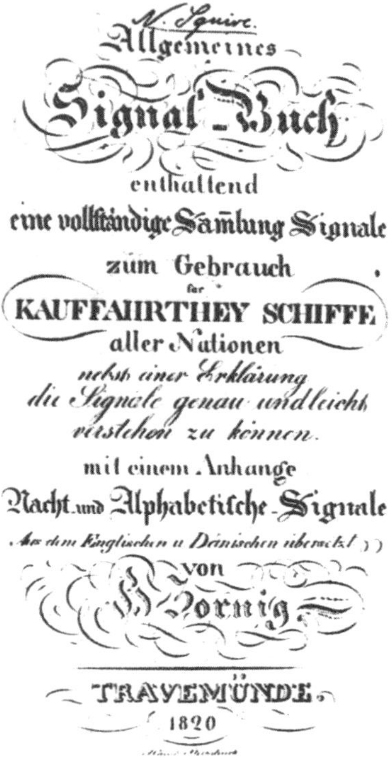

N. Squire.

Allgemeines

Signal-Buch

enthaltend

eine vollständige Samlung Signale

zum Gebrauch

für

KAUFFAHRTHEY SCHIFFE

aller Nationen

nebst einer Erklärung

die Signale genau und leicht

verstehen zu können.

mit einem Anhange

Nacht- und Alphabetische-Signale

(Aus dem Englischen u. Dänischen übersetzt)

von

J. Hornig.

TRAVEMÜNDE.

1820

Titelblatt des Signalbuchs von N. Squire, das 1820 in deutscher Übersetzung in Travemünde erschien

11.

Signale für Kauffahrtheischiffe aller Nationen.

1		**Die Flagge.** Allein gehoist, bedeutet, zu welcher Nation das Schiff gehört.
2		**Die Gösche** vom Vordertopp, ist das Signal für einen Lootsen.
3		**Die weiße Flagge** bedeutet das Wort: Ja!
4		**Signale um zu Antworten.** NB. Diese können von jeder beliebigen Farbe seyn, ausgenommen: weiß.
5		Allein gehoist, bedeutet das Wort: Nein! NB. Dieser kann von zwey Tonnenbändern mit Segeltuch überzogen gemacht werden
6		Wo kommen Sie her?

7	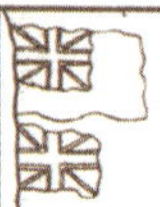	Wo wollen Sie hin?
8		Wo gehören Sie hin?
9		Wie viel Tage sind Sie in See gewesen?
10		Man wünschst Ihre Breite zu wissen.
11		Man wünscht Ihre Länge zu wissen. N.B. diese ist von Greenwich zu rechnen.
12		Man wünscht den Cours u. die Distance des nächsten, oder desjenigen Landes zu wissen, welches genañt wird, weñ dieses bekañt worden ist.
13		Ich habe wenig Wasser, können Sie mir etwas überlaßen

14		Ich bin in Verlegenheit und habe kein Waßer am Bord.
15		Können Sie mir etwas Brod überlaßen?
16	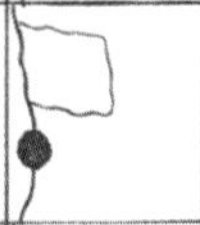	Ich bin in Verlegenheit und habe kein Brod am Bord.
17		Unser Schiff sinkt. Kommen Sie die Mannschaft zu retten.
18		Wir sind in Gefahr, oder haben flach Waßer. Zeigen Sie mit dem Compass-Signal, wie wir steuern müßen.
19		Sie steuern Gefahr entgegen.
20	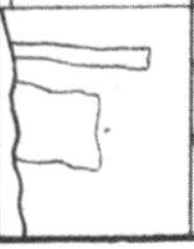	Ich bin unbekannt. Wollen Sie mich in den Hafen leiten?

47.

Alphabetische Signal-Tabelle

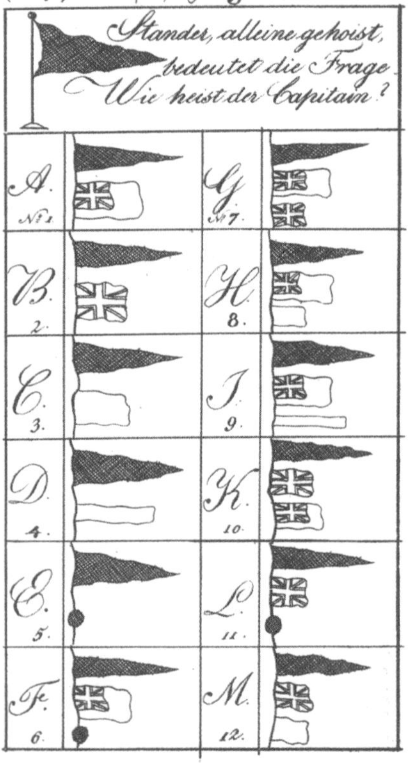

48.

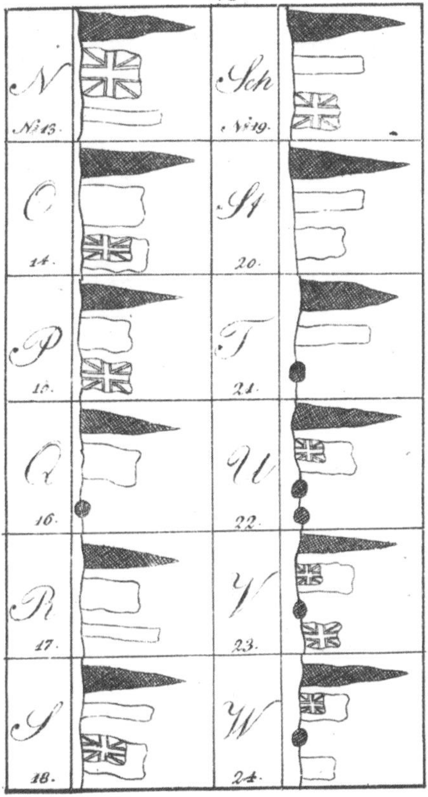

49.

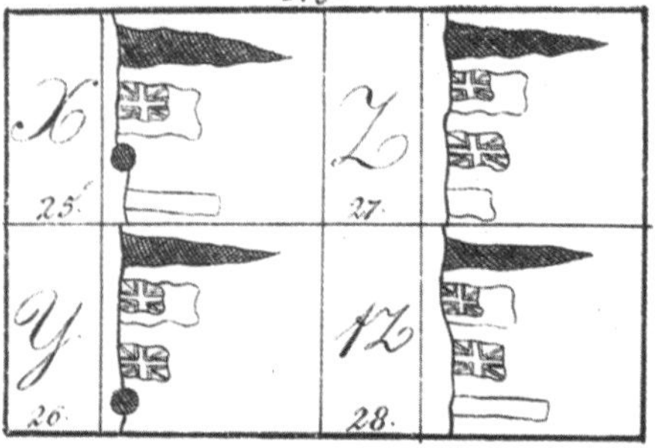

Beim Signalisiren muſs jeder Buchstabe sorgfältig aufgezeichnet werden.

Zum beantworten dieser Signale gebraucht man wie bey den übrigen den breiten Wimpel N° 4.

Kein Signal muſs eher wiederholt werden bis solches mit dem breiten Wimpel, daſs man es richtig gesehen und verstanden, beantwortet ist.

Aber ihre Veröffentlichungen erreichten weder die Übersichtlichkeit noch die Vollständigkeit und die leichte Handhabbarkeit des Signalbuchs von Frederik Marryat.
Im 1820 in Travemünde erschienenen „Allgemeinen Signal-Buch, enthaltend eine vollständige Sammlung Signale zum Gebrauch für Kauffahrteyschiffe“ von N. Squire, das aus dem Englischen und Dänischen ins Deutsche übersetzt worden war, umriss der Verfasser das Ziel seines Buches in der Vorrede mit den Worten: „Die große Wichtigkeit, in einem Lande von so ausgedehntem Handel als Großbritannien, eine allgemeine und einfache Methode zum Signalisieren zwischen Kauffahrteischiffen, sie sich einander in See begegnen, einzuführen, hat den Verfasser bewogen, die kleine Sammlung Signale auf die einfachste und leichtetse Art darzustellen, welche unfehlbar und vollkommen verstanden werden kann, welches ihn hoffen lässt, dass er den Zweck der Bestimmung nicht verfehlen lässt ... In der Einfachheit des Plans, dass keine anderen Flaggen erforderlich sind, als weiße, an deren Stelle man ein Tischtuch nehmen kann, liegt der Grund, dass auch Signale mit Leichtigkeit gemacht und verstanden werden können.“[39]
Er war davon ausgegangen, dass die Kosten für einen Flaggensatz niedrig gehalten werden müssten.

---

[39] Squire, N.: Allgemeines Signalbuch, Travemünde 1820

Das Signalbuch hatte dadurch aber an Vollständigkeit und die Darstellung des Code an Prägnanz verloren, der mit einer weißen Flagge, einem weißen Wimpel, einem runden Ball, der Staatsflagge und der Gösch auskommen musste. Der Verfasser hatte ausdrücklich darauf hingewiesen, dass er diese Signalelemente gewählt habe, um sich grundsätzlich gegen die Marine abzugrenzen. Das Signalbuch enthält nur 72 Signalinhalte. Der deutsche Übersetzer empfand diese Beschränkung als Nachteil und ergänzte das Signalbuch mit einer alphabetischen Signal-Tabelle, in der den 28 Buchstaben des Alphabets Zwei-, Drei- und Vierflaggensignale zugeordnet wurden.

In die Reihe der vielen Versuche, ein allgemein gültiges Signalbuch einzuführen, gehört auch „The Philanthropic Vocabulary and Code of Signals, by Joseph Conolly 1821“ und ein Vorschlag von Raper aus dem Jahre 1828.

Obgleich sich Marryat's Signalbuch allgemeiner Beliebtheit erfreute, wurden in den dreißiger Jahren im Nautical Magazine als dem fast amtlichen Organ der britischen Schifffahrt viele Signalanweisungen veröffentlicht, die nicht auf den Signalen von Marryat fußten. So legte das Custom House in London fest, dass vom 5. August 1831 an alle Schiffe, die Cholera, Pocken oder andere hochinfektiöse Krankheiten an

Bord haben, am Tage eine viertelgeteilte gelbschwarze Flagge im Topp des Hauptmastes wehen lassen müssen. Nachts sollten dafür zwei Laternen mit je einem Licht übereinander am Hauptmast geführt werden. Schiffe, die dagegen keine Kranken an Bord haben, führten am Tage eine große gelbe Flagge am Topp des Hauptmastes und nachts eine große Laterne mit einem Licht.
Unter dem 24. April 1837 wurde angekündigt, daß Schiffe, welche Sable Island ansteuern, die folgenden Flaggensignale zeigen müssen: eine Flagge im Topp des Hauptmastes, wenn alles an Bord wohlauf ist; eine Flagge in der Takelage des Hauptmastes, wenn sich das Schiff in Not befindet und eine Flagge im Topp des Vormastes, wenn das Schiff die Insel ansteuern will. Die Insel ihrerseits setzte eine Flagge an der Spitze des Mastes, wenn sofort ein Boot kommen würde. Mit einer Flagge am östlichen Arm des Signalmastes stellte sie die Frage: „Laufen Sie die Insel an?“
Aber nicht nur in Großbritannien, sondern auch in anderen Ländern wurden Signalbücher für die Handelsschifffahrt verfasst. Dazu gehört das 1836 von dem Dänen Levin J. Rohde geschriebene „Fullständigt Signal-System till bruk för Alla Nationers Skepp“, das unter dem englischen Titel "The universal Sea Language, beeing a complete Code of Signals for day

Code Reynold. Mit dem Hissen der Telegraphenflagge wird die Absicht, eine Nachricht zu übermitteln, angekündigt. Der französische Flaggensatz

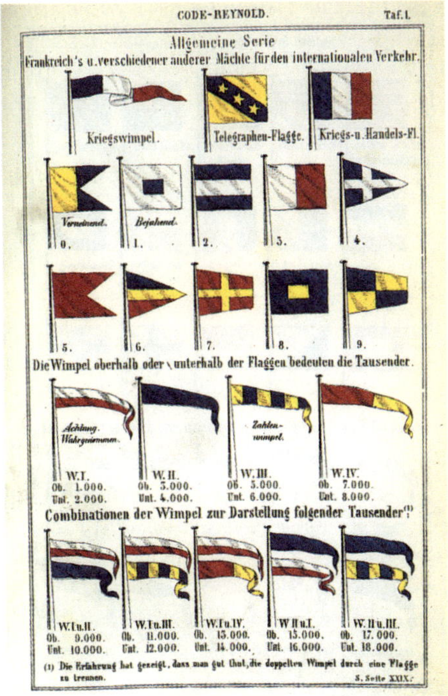
CODE-REYNOLD.
Taf. I.
Allgemeine Serie
Frankreich's u. verschiedener anderer Mächte für den internationalen Verkehr.
Kriegswimpel.
Telegraphen-Flagge.
Kriegs-u. Handels-Fl.
Verneinend.
Bejahend.
0.
1.
2.
3.
4.
5.
6.
7.
8.
9.
Die Wimpel oberhalb oder unterhalb der Flaggen bedeuten die Tausender.
Achtung. Wahrgenommen.
Zahlen-wimpel.
W. I. Ob. 1.000. Unt. 2.000.
W. II. Ob. 3.000. Unt. 4.000.
W. III. Ob. 5.000. Unt. 6.000.
W. IV. Ob. 7.000. Unt. 8.000.
Combinationen der Wimpel zur Darstellung folgender Tausender(1)
W. I u. II. Ob. 9.000. Unt. 10.000.
W. I u. III. Ob. 11.000. Unt. 12.000.
W. I u. IV. Ob. 13.000. Unt. 14.000.
W. II u. I. Ob. 15.000. Unt. 16.000.
W. II u. III. Ob. 17.000. Unt. 18.000.
(1) Die Erfahrung hat gezeigt, dass man gut thut, die doppelten Wimpel durch eine Flagge zu trennen.
S. Seite XXIX.

and night, adapted to use of vessels of all nations by Levin Jaergen Rohde, Capt in the Royal Danish Navy“ an die Schiffe ausgegeben wurde. Dem Buch fehlte es an einer sinnvollen Gliederung der in der Handelsschiffahrt üblichen Kommadosprache, und der Flaggencode war vergleichsweise unsystematisch aufgebaut. Rohde benutzte die Form der Flagge und den Zwischenraum zwischen zwei Flaggen an der Flaggleine als Codeelement. Das war eine Flaggenkombination, die aus der Ferne nur schwer zu deuten war. Über eine Erprobung hinausgehend, ist das Signalbuch von Rohde wohl nicht benutzt worden, denn es ist nur eine Nachricht des Kapitäns von H. M. S. SERINGAPATAM aus St. Thomas bekannt, der am 11. November 1837 dem Nautical Magazine mitteilte, dass er mit dem Packetschiff LINNET nach dem Signalbuch von Rhode korrespondiert und eine gute Verständigung erzielt habe. Auch ein nochmaliger Hinweis auf den Code im Jahre1845 scheint kein Echo ausgelöst zu haben. Ähnlich erging es den Codes von Walker (1841) und dem Amerikaner Rodgers (1854).

Während Marryat versucht hatte, sein Signalbuch ohne staatliche Hilfe in die Schifffahrt einzuführen, sich dabei lediglich verwandtschaftlicher Beziehungen bedient hatte, beschritt der Franzose Charles de Reynold-Chauvancy den offiziellen Weg über seine

Regierung, um seinem Signalbuch zu internationaler Anerkennung zu verhelfen. Als er sich 1855 mit dem Signalbuch beschäftigte, war der Krimkrieg zwischen Russland und der Türkei in vollem Gange. Die Notwendigkeit, Signale zwischen der Küste und den auf Reede liegenden Schiffen verschiedener Nationen, die mit der Türkei verbündet waren, zu wechseln, mag zum „Code Reynold télégraphie nautique polyglotte internationale réglementaire pour les batimants de guerre et de commerce Francais“ geführt haben. Sicher ist, dass de Reynold-Chauvancy das Signalbuch an seinen Minister der Marine und der Kolonien schickte. Der weitere Bearbeitungsgang war geradezu ein Paradebeispiel für einen nach außen reibungslos wirkenden und auf diplomatischem Parkett ablaufenden verwaltungstechnischen Vorgang auf internationaler Ebene. Die französische Regierung schickte den Code Reynold an alle Regierungen der seefahrenden Länder, die ihn mit bestimmten Zusätzen durch Regierungserklärung annahmen. Die britische Regierung hatte sich den Zusatz erbeten: „Die englische Admiralität hat auf den Vorschlag des französischen Marine-Ministeriums den Code-Reynold für den internationalen Verkehr angenommen, unter dem Vorbehalt jedoch, die an Bord der englischen Kriegsschiffe üblichen Flaggen und Wimpel beizubehalten.“[40]

[40] Code Reynold, Internationale Schiffstelegraphie, Leipzig 1859

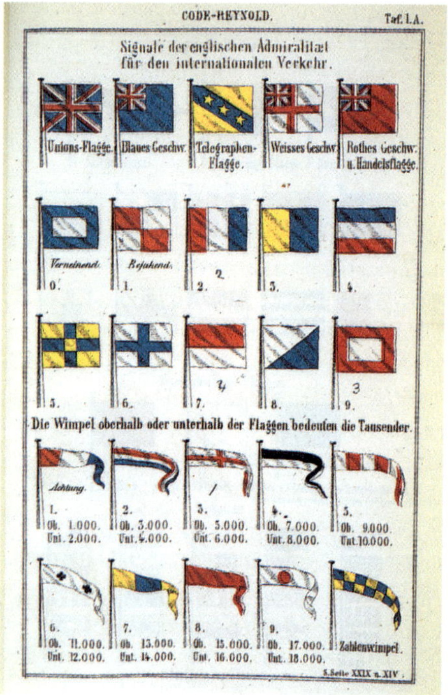

Beim Code Reynold hatte man sich zwar auf einheitliche Signalinhalte verständigt, die nationalen Flaggensätze aber beibehalten.

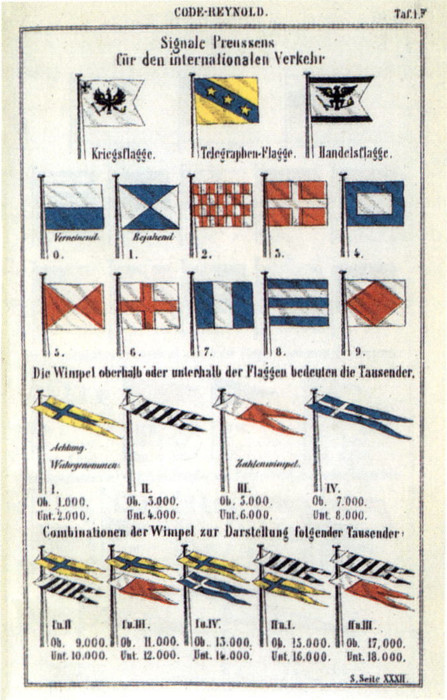
CODE-REYNOLD.
Signale Preussens
für den internationalen Verkehr
Kriegsflagge.
Telegraphen-Flagge.
Handelsflagge.
Verneinend.
Bejahend.
0.
1.
2.
3.
4.
5.
6.
7.
8.
9.
Die Wimpel oberhalb oder unterhalb der Flaggen bedeuten die Tausender.
Achtung.
Wahrgenommen.
Zahlenwimpel.
I.
Ob. 1.000.
Unt. 2.000.
II.
Ob. 3.000.
Unt. 4.000.
III.
Ob. 5.000.
Unt. 6.000.
IV.
Ob. 7.000.
Unt. 8.000.
Combinationen der Wimpel zur Darstellung folgender Tausender:
I u. II
Ob. 9.000.
Unt. 10.000.
I u. III.
Ob. 11.000.
Unt. 12.000.
I u. IV.
Ob. 13.000.
Unt. 14.000.
II u. I.
Ob. 15.000.
Unt. 16.000.
II u. III.
Ob. 17,000.
Unt. 18.000.
S. Seite XXXII.

So und ähnlich lauteten die Bemerkungen jener Länder, die über eigene Flaggensignale verfügten. „Die Freie Stadt Hamburg hat ihren Beitritt erklärt ohne nähere Bestimmung der Flaggen und Wimpel ihrer Schiffe. Wahrscheinlich werden sie die preußische Methode befolgen.“[41] lautete eine andere Beitrittserklärung. Durch solche Erklärungen traten England, Griechenland, die Niederlande, Sardinien, Schweden/Norwegen, beide Sizilien, Preußen, Russland, Uruguay, Hamburg, Oldenburg, Chile, Dänemark und Österreich dem Code Reynold bei. Hatte ein Schiff die Absicht, nach diesem Signalbuch zu telegraphieren, setzte es zuerst die Telegraphenflagge des Reynold-Codes und telegraphierte dann mit seinem nationalen Flaggensatz, der dem Signalbuch beigegeben war. Der Text des Signalbuchs lag in den Sprachen aller Beitrittsländer vor. Auch wenn der Code Reynold für den Nachrichtenverkehr in der Handelsschifffahrt vorgesehen war, blieb er doch auf die Signalgebung zwischen den Marinen bechränkt.
Mit dem Code Reynold war ein erster, international verbindlicher Schritt auf dem Weg zu einem allgemein gültigen Signalbuch getan, auch wenn sich alle Regierungen vorbehalten hatten, ihre eigenen Flaggen zu benutzen.

---

[41] Ebenda

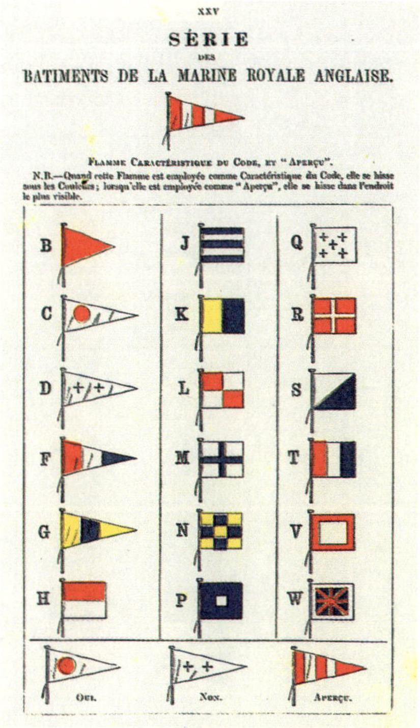
XXV

SÉRIE
DES
BATIMENTS DE LA MARINE ROYALE ANGLAISE.

FLAMME CARACTÉRISTIQUE DU CODE, ET "APERÇU".

N.B.—Quand cette Flamme est employée comme Caractéristique du Code, elle se hisse sous les Couleurs; lorsqu'elle est employée comme "Aperçu", elle se hisse dans l'endroit le plus visible.

Auch in der ersten Ausgabe des „Commercial Code“ gab es noch keinen international gültigen Flaggensatz.

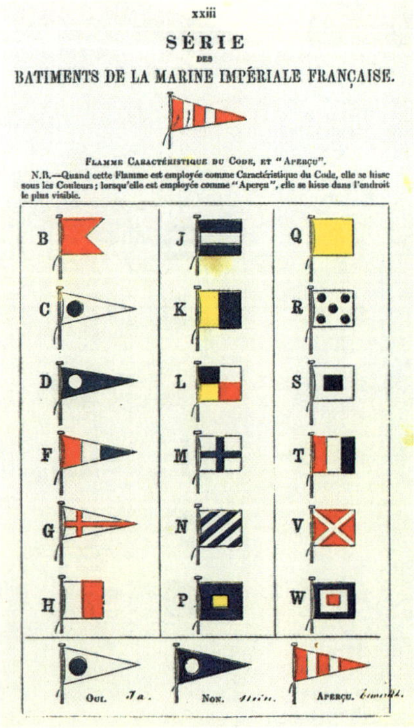

xxiii

SÉRIE
DES
BATIMENTS DE LA MARINE IMPÉRIALE FRANÇAISE.

FLAMME CARACTÉRISTIQUE DU CODE, ET "APERÇU".

N.B.—Quand cette Flamme est employée comme Caractéristique du Code, elle se hisse sous les Couleurs; lorsqu'elle est employée comme "Aperçu", elle se hisse dans l'endroit le plus visible.

B J Q
C K R
D L S
F M T
G N V
H P W

OUI. Ja. NON. APERÇU.

SÉRIE AMÉRICAINE.

Flamme Caractéristique du Code, et "Aperçu".

N.B.—Quand cette Flamme est employée comme Caractéristique du Code, elle se hisse sous les Couleurs; lorsqu'elle est employée comme "Aperçu", elle se hisse dans l'endroit le plus visible.

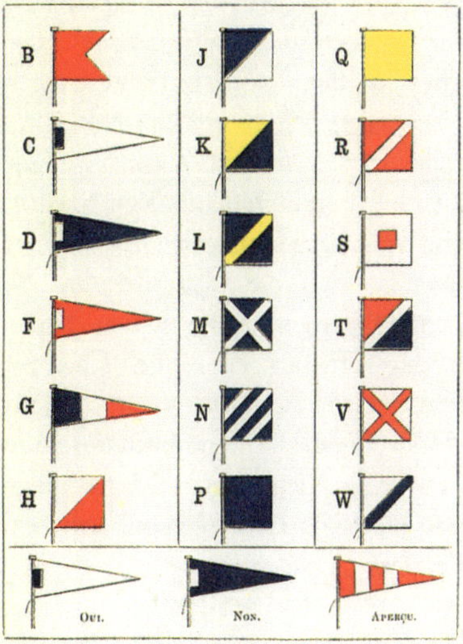

Für die Marinen war das Signalbuch im internationalen Verkehr sicher eine Hilfe, für die Handelsschifffahrt hatte es keine Bedeutung. Einzig die auf Regierungsebene durchgesetzte Internationalisierung verdient hervorgehoben zu werden.
Der Gedanke, eine international verbindliche Regelung zu finden, bewegte die schifffahrttreibenden Länder aber auch weiterhin. Die Schifffahrt hatte auf allen Meeren, besonders jedoch im Nordatlantik, jetzt um die Mitte des 19. Jahrhunderts Ausmaße angenommen, die dazu zwangen, im internationalen Nachrichtenaustausch eine einheitliche Sprache einzuführen. Obgleich alle erkannten, dass die Sicherheit der Schifffahrt dadurch erhöht werden könnte, gab es große Schwierigkeiten, das Vorhaben, ein einheitliches Signalbuch zu schaffen, in Gang zu setzen. Natürlich hatte sich das System von Marryatt nach und nach durchsetzen können und wurde auch von vielen Schiffen benutzt, aber noch keine nationale Gesetzgebung hatte es für verbindlich erklärt.
Es blieb dem in der Schifffahrt führenden Land, Großbritannien, vorbehalten, hier die Vorreiterrolle zu übernehmen. 1855 setzte das britische Board of Trade eine Kommission von Sachverständigen ein, die ein zunächst nur für die britische Handelsmarine verbind-

liches Signalbuch ausarbeiten sollte.
Die Arbeit war schwierig und kompliziert, mussten doch die in der Schifffahrt ablaufenden Betriebsabläufe in eindeutige Sätze gefasst und diese nach ihrer Wichtigkeit, aber auch nach ihrer sinngemäßen Zusammengehörigkeit in eine Reihenfolge gebracht und mit Ziffernfolgen versehen werden. Die Zuordnung von Flaggensignalen zu den Ziffernfolgen war die geringste Aufgabe. Die Kommission arbeitete rasch und zielgerichtet und legte noch im gleichen Jahr den Entwurf eines Signalbuchs vor, dem nach Anfrage an die Regierung auch die zweite große schifffahrttreibende Nation in Europa, Frankreich, zustimmte. 1857 erschien der „Commercial Code of Signals for the use of all Nations". Nachdem Frankreich in Verhandlungen mit der britischen Regierung noch Ergänzungen durchgesetzt hatte, erschien 1864 die französische Ausgabe „Code commercial de signeaux à l'usage des batiments de toutes nations". Schon bei Abschluss des Vertrages hatte Napoleon III. am 25. Oktober 1862 vorgeschlagen, an alle interessierten seefahrenden Nationen mit dem Angebot heranzutreten, sich auch diesem Signalsystem anzuschließen. Die deutschen Seeuferstaaten beauftragten 1867 eine Kommission, eine verbindliche deutsche Übersetzung zu erarbeiten. In einer wissenschaftlichen Zeitschrift von 1867 hieß

Signal Gesetzbuch
zum Gebrauche
der Schiffe aller Nation.
Beiträge zu der amtlichen
Deutschen Ausgabe.
Nach dem vom Marine Lieutenant Herrn
Sallandrouze de Lamornaix unter der Controlle
des hohen französischen Marine Ministeriums
veröffentlichten französischen
Code Commercial de Signaux,
à l'usage des
Bâtiments de toutes Nations
übersetzt und bearbeitet
von
Louis Giese.
Grossherzoglich Mecklenburg Schwerinscher
Consul a. D. für Paris & das Arrondissement von
Dieppe.

London.
W. Mitchell, 54, Gracechurch Street.
1867.

Titelblatt eines aus dem Französischen ins Deutsche übersetzten und handschriftlich niedergelegten „Code Commercial de Signeaux" von 1867 es dazu: „Obwohl nicht von unmittelbarem Interesse für das binnenländische Deutschland, wird doch hier eine kurze Notiz über die Zeichensprache am Platze sein, über welche England und Frankreich für ihre Marinesignale übereingekommen sind und welche wohl in kurzem von allen civilisierten Seevölkern adoptiert wird. Man braucht dazu 18 Flaggen, entsprechend den Konsonanten von B bis W, welche angeordnet zu 2, 3 oder 4 zusammen 78 642 verschiedene Kombinationen oder ebenso viele Signale geben."[42] Zwar waren anfänglich noch drei verschiedene Flaggensätze für die Signalgebung zugelassen: der englische, der französische und der amerikanische, aber die Ziffernflaggen waren schon durch Buchstabenflaggen ersetzt worden. In der zweiten revidierten Auflage, nach der auch die verbindliche deutsche Übersetzung vorgenommen worden war, gab es aber nur noch einen Flaggensatz. Das erste amtliche Signalbuch in deutscher Übersetzung erschien 1870 unter dem Titel „Signalbuch für die Kauffahrteischiffe aller Nationen" und war vom Reichskanzleramt herausgegeben worden.

An den deutschen Navigationsschulen waren für Lehrzwecke aber schon vorher Übersetzungen benutzt worden, um die künftigen Nautiker auf das Signawesen vorzubereiten.

[42] Dingler's polytechnisches Journal, 183 (1867), S. 330

Der Großherzoglich Mecklenburg-Schwerinsche Konsul für Frankreich, Louis Giese, stellte 1867 seiner Übersetzung eine Einleitung voran. „Es ist zu hoffen, dass durch die allgemeine Einführung der Handelssignal-Gesetzbücher und der Gleichförmigkeit der Seesignale auf dem ganzen Universum, ein großes Werk der Humanität gefördert wird, sobald jeder Führer eines Seeschiffes verpflichtet ist, gleich den übrigen gesetzmäßigen Schiffspapieren, ein Exemplar der See-Signal-Gesetzbücher an Bord zu fahren."[43], schrieb er und sah damit weit in die Zukunft.

Der Wert dieses Nachrichtensystems mit Flaggensignalen wurde täglich aufs Neue bewiesen. Schiffe, die sich begegneten, signalisierten sich Mitteilungen über den Zustand von Schiff und Besatzung zu und gaben Nachrichten für die Heimat mit. Zum ersten Mal hatte das Gefühl des Alleinseins auf den Weltmeeren seinen Schrecken verloren. Sich auf Gefahren aufmerksam zu machen, seine Hilflosigkeit anzuzeigen oder auch nur „Gute Reise" zu wünschen, schufen ein Gefühl für Sicherheit.

Das Internationale Signalbuch bestand aus drei Teilen. Im ersten Teil waren den alphabetisch geordneten Buchstabenfolgen tabellarisch die Signalinhalte zugeordnet. Wichtige Inhalte wurden mit einer Flagge gegeben. Zweiflaggensignale, die beispielsweise mit der

---

[43] Signal Gesetzbuch zum Gebrauche der Schiffe aller Nationen, London 1867

Buchstabenflagge B begannen, hatten den Charakter von Achtungssignalen, so bedeutete BC: „Zeigen Sie Ihre Flagge." Notsignale begannen mit der Buchstabenflagge N. Dreiflaggensignale beschrieben eine häufig wiederkehrende Phrase, wie die Anrede „Mr." mit der Buchstabenfolge WSB. Auch die Buchstaben des Alphabets wurden mit Dreiflaggensignalen codiert, wie beispielsweise „a" mit WST. Vierflaggensignale waren der Kennung der Schiffe vorbehalten. Im zweiten Teil war die tabellarische Anordnung: linke Spalte – Buchstabenkombination; rechte Spalte – Text, beibehalten worden, jedoch waren nunmehr die Stichworte alphabetisch geordnet: Beipielsweise folgten auf Signalinhalte, die das Wort „anchor" enhielten, „anchorage" und „anchovy". Mit den 18 Buchstabenflaggen ließen sich 78 642 Buchstabenfolgen bilden.

Und so könnte einen Nachricht signalisiert worden sein. Der Kapitän eines Schiffes A sichtet ein Wrack, kann aber nicht helfen und signalisiert daher einem Entgegenkommer seine Wahrnehmung. Er hisst dazu seine Nationalflagge und darunter den senkrecht rotweiß gestreiften Wimpel, den „Signalbuchwimpel". Damit zeigt er an, dass er nach dem Internationalen Signalbuch eine Nachricht übermitteln wird.

Unter dem Wort „Wrack" findet der Kapitän von A den Satz „Passierten ein Wrack, konnten aber keine Hilfe

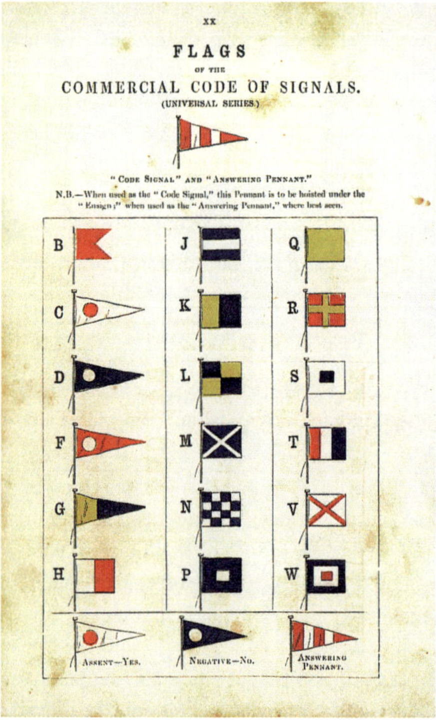

In der ersten überarbeiteten Ausgabe des „Commercial Code“ gab es nur noch einen international gültigen Flaggensatz

leisten“. Dazu gehört das Dreiflaggensignal BLM. Nur wenig später wird es an der Flaggleine nach oben gezogen. In nächsten Signalen folgen die Länge und Breite des Havaristen. Der Kapitän des Entgegenkommers antwortet mit dem senkrecht rot-weiß gestreiften Signalbuchwimpel und signalisiert damit, dass er die Nachricht verstanden habe. Dann flattern wohl an beiden Flaggleinen untereinander die Flaggen B, R und D und wünschen „Adieu, leben Sie wohl“.

Die Verkehrsverhältnisse auf den Meeren veränderten sich im letzten Drittel des 19. Jahrhunderts mit fast atemberaubender Schnelligkeit. Seit 1850 bestimmten Dampfschiffe mehr und mehr den überseeischen Verkehr. Unabhängig von Wind und Wetter zogen sie ihre Bahn. Ihre Zahl nahm rasch zu, ihre Größe und ihre Geschwindigkeit wuchsen. Diese Entwicklung musste Auswirkungen auf den Inhalt des Signalbuchs haben, denn neue Begriffe, wie „Maschinenschaden“ oder „Schraube verloren“, mussten aufgenommen werden. Die britische Regierung hatte diese Veränderungen auf den Weltmeeren seit langem aufmerksam verfolgt und 1887 eine Kommission gebildet, die sich mit der Überarbeitung des Signalbuchs beschäftigen sollte.

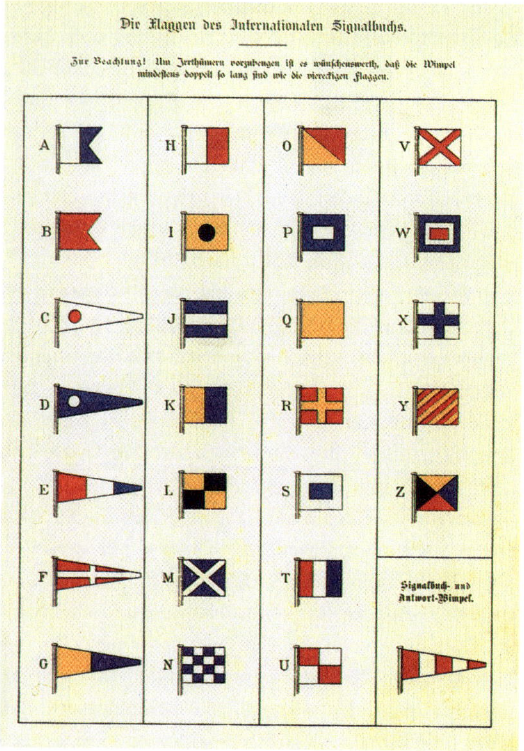

Flaggensatz des Internationalen Signalbuchs von 1901

Da die Zahl der Schiffe gestiegen war, aber auch durch die Dampfschifffahrt neue Begriffe in die Schifffahrt Eingang gefunden hatten, wurde zunächst vorgeschlagen, die Zahl der Buchstabenflaggen von 18 auf 26 zu erhöhen. Damit konnten mehr Codeworte gebildet werden. So gab es statt der bisher möglichen 306 Zweiflaggensignale nun 650 und statt der 4 896 Signale mit drei Flaggen konnten nun rund 15 600 gebildet werden. Vierflaggensignale, deren Zahl von 73 440 auf 35 8800 stieg, sollten nur noch für geographische Namen und als Unterscheidungssignal der Schiffe zugelassen sein. Auch der Aufbau des Signalbuchs wurde neu gefasst.

Im ersten Internationalen Signalbuch hatte in der ersten Spalte grundsätzlich die Buchstabenkombination gestanden, entweder alphabetisch geordnet oder den alphabetisch in der zweiten Spalte geordneten Begriffen zugewiesen. Nun in der überarbeiteten Ausgabe waren die alphabetisch geordneten Begriffe in die erste Spalte gerückt und die zugehörige Buchstabenkombination stand in der zweiten Spalte. Diese Anordnung war für das Geben eines Flaggensignals wesentlich besser geeignet. Die Teilung des Signalbuchs in einen Band für das „Lesen“ und einen Band für das „Geben“ der Flaggensignale war ein wichtiger Schritt für die einfachere Handhabung.

Das Unterscheidungssignal an der Flaggleine ist auf Kapitänsbildern ein beliebtes Schmuckmotiv. Das Kapitänsbild des Dampfschiffes GEORG MAHN zeigt das Unterscheidungssignal MSHL nach dem Internationalen Signalbuch. (Schiffahrtsmuseum Rostock)

Auf einer Internationalen Konferenz, die 1889 in Washington stattfand, wurde dieser Entwurf eingehend diskutiert und an die Hauptschifffahrtsländer mit der Bitte übersandt, eine genaue Prüfung vorzunehmen. Besonders sollte darauf geachtet werden, dass die praktischen Erfahrungen der Kapitäne im Umgang mit dem Signalbuch in die überarbeitete Fassung einfließen. Nachdem die britische Regierung die eingegangenen Hinweise sehr gewissenhaft geprüft hatte, verschickte sie 1897 den überarbeiteten Entwurf an die Regierun- gen. Dieser Entwurf wurde 1899 unter dem amtlichen Titel „The International Code of Signals for the use of all Nations“ verbindlich und ab 1. Januar 1902 durfte nur noch nach diesem Signalbuch gearbeitet werden. In Deutschland wurde das „Internationale Signalbuch“ vom Reichsamt des Innern 1901 an die Kriegs- und Handelsmarine herausgegeben. Die Zahl der Signal- flaggen war, wie vorgeschlagen, auf 26 erhöht worden.

Dieses Signalbuch begleitete die Schifffahrt in den letzten friedlichen Jahren vor dem Ausbruch des Ersten Weltkrieges; nach dem Ende des Krieges zeigte es, angesichts der nunmehr verstärkt einsetzenden Ausrüstung der Handelsschiffe mit Funkanlagen, seine Schwächen.

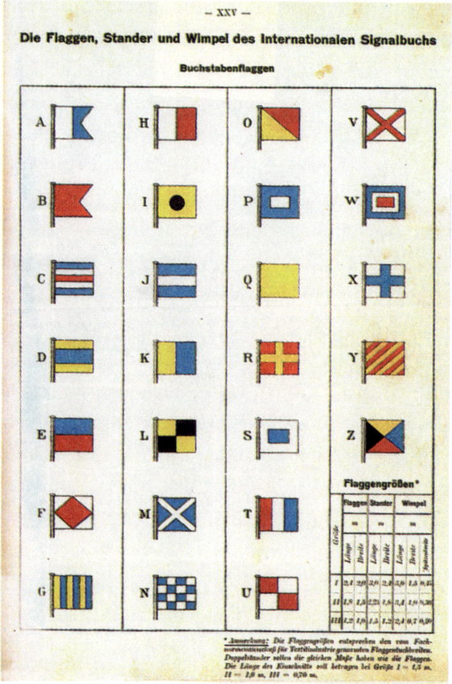

Im Flaggensatz des Internationalen Signalbuchs von 1933 sind die Wimpel für die Signalisierung von Ziffern vorgesehen.

— XXVII —

Die Flaggen, Stander und Wimpel des Internationalen Signalbuchs

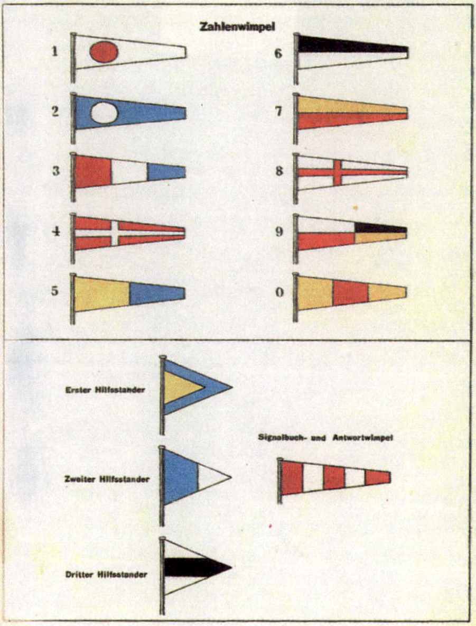

Angesichts dieser Entwicklung wurde auf der Weltfunkverwaltungskonferenz 1927 in Washington beschlossen, das Signalbuch zu überarbeiten, an den Funkverkehr anzupassen und überholte Signale aus dem Signalbuch herauszunehmen. Als 1832 die nächste Internationale Funkkonferenz in Madrid tagte, beschloss sie, das überarbeitete Internationale Signalbuch für den internationalen Signalverkehr verbindlich einzuführen. Das Signalbuch bestand nun aus zwei Bänden: ein Band galt für den Funkverkehr, der andere für den optischen Signalverkehr. Der Flaggensatz war grundsätzlich umgestaltet worden. Es gab 26 Buchstabenflaggen, die viereckig oder gezackt waren und zehn Wimpel für die Ziffern und zusätzlich drei Hilfsstander. Semaphorsignale und Fernsignale, die das Signalbuch bisher enthalten hatte, waren gestrichen worden.

Trotz zunehmender Bedeutung des Funkverkehrs in den dreißiger Jahren wurden in deutschen Zeitschriften unter der Rubrik „Signalverkehr deutscher Kriegsschiffe und M. S. S. mit Handelsschiffen" Statistiken veröffentlicht, die „eine weitere Steigerung der Leistungen im Signaldienst der deutschen Handelsflotte"[44] dokumentieren sollten. Mussten solche Veröffentlichungen angesichts der technischen Entwicklung nicht zu denken geben?

[44] Hansa 74 (1937), S. 450

„Über die Toppen geflaggt“
Auch für Maler ist das farbenprächtige Bild ein gutes Motiv.
Stapellauf des Dreimastschoners ERNST DREYER am 22. Mai 1869, gemalt von Peter Christian Holm (1823 – 1888)
(Altonaer Museum, Hamburg)

Le Yacht pavoisé,
gemalt 1904 von Raoul Dufy (1877 – 1953)
(Réunion des musées nationaux)

Nach dem Ende des Zweiten Weltkrieges musste erneut über eine Überarbeitung des Signalbuchs nachgedacht werden. Aber der Seefunk war für die Schifffahrt bereits so wichtig und unverzichtbar geworden, daß die Funkverwaltungskonferenz des Internationalen Fernmeldevereins 1947 vorschlug, das Internationale Signalbuch doch besser in die Zuständigkeit der IMO zu überführen. Doch es dauerte 12 Jahre, bis im Januar 1959 die Schifffahrtsorganisation alle mit der Bearbeitung des Internationalen Signalbuchs zusammenhängenden Aufgaben übernahm. Die zweite Vollversammlung der IMO 1961 bestätigte nicht nur diese Entscheidung, sondern unterstützte auch die Pläne für eine umfassende Überarbeitung, in die viele internationale Organisationen einbezogen wurden. 1964 waren die Arbeiten so weit abgeschlossen, dass die 4. Vollversammlung der IMO 1965 diese Fassung für verbindlich erklären konnte. Seit dieser Zeit wird das Signalbuch kontinuierlich überarbeitet und ergänzt.
Die Gliederung wurde verändert. In einem Abschnitt wurden unter neun eindeutig gewählten Begriffen, wie distress-emergency, casualties-damages oder meteorology-weather Zweiflaggensignale zusammengestellt, die für spezielle Inhalte durch einen Zahlen-wimpel zu einem Dreiflaggensignal ergänzt werden.

Ein weiterer wichtiger Abschnitt ist Signalen mit medizinischen Inhalten vorbehalten.
Er ist so differenziert aufgebaut, dass beispielsweise dem sehr speziellen Rat „Verabreichen Sie Aspirin-Tabletten“ ein eigenes Flaggensignal MTD 32 zugeordnet wurde. Die Zeit, in der ein Vierflaggensignal an der Flaggleine die Identifikation des Schiffes zuließ, aber ist ein für alle Mal vorbei.

Semaphore melden Schiffe und schützen Küsten

Vielfältig sind die Verfahren, mit denen sich schriftliche Nachrichten auf optischem Wege übertragen lassen. Wenn die Buchstaben geeignet verschlüsselt sind und der Empfänger den Code kennt, um die Zeichen wieder in die Schriftsprache übersetzen zu können, ist eine Übertragung der Nachricht über die Sichtweite immer möglich. Dass Flaggen solche Zeichen sein können, zeigt die Schifffahrt, doch mussten sie schon im Wind flattern, wenn ihre Benutzung Sinn haben sollte.

Im Verlauf von Jahrtausenden sind auch manch andere Hilfsmittel probiert und viele Versuche gemacht worden, um optisch Nachrichten zu übertragen. Der griechische Kriegsschriftsteller Polybios schrieb im 2. Jh. v. Chr. die Buchstaben des Alphabets in ein quadratisches Schema mit fünf Zeilen und fünf Spalten. Im Schnittpunkt von Zeile und Spalte stand jeweils ein Buchstabe. Er zündete rechts und links von einem Bezugspunkt eine bestimmte Zahl von Fackeln an und markierte so Zeile und Spalte und damit einen Buchstaben in seinem Schema. Die Idee war originell, das Verfahren aber viel zu umständlich und zu langsam. Für die politischen und wirtschaftlichen Strukturen der griechischen Stadtstaaten zur Zeit des Polybios wurde ein so kompliziertes System für die Übermittlung von Nachrichten nicht gebraucht.

Im Bedarfsfall kam man mit einem Boten zurecht, der so wichtige Nachrichten, wie „Feind im Land“ oder „Sieg“ sehr viel rascher überbringen konnte.
Um 400 n. Chr. schrieb der römische Kriegsschriftsteller Flavius Vegetius Renatus in seinen „Institutiones rei militaris“: „Sie bringen auch an den Wachtürmen der Plätze Balken an, durch dessen waagerechte oder senkrechte Stellung sie Nachricht nach außen geben“[45] und be- schrieb damit eine andere Möglichkeit, Nachrichten optisch zu übermitteln. Ein Jahrhundert später, um 500 n. Chr. erinnerte sich Sextus Julius Africanus an das System des Polybios. Er ersetzte die Zahl der Fackeln durch eine Aufeinanderfolge von Hebungen und Senkungen einer Fackel und überführte damit die Teilung des Raumes in eine Teilung der Zeit. Der nächste Hinweis auf eine optische Übermittlung von Botschaften geht auf das Jahr 835 n. Chr. zurück. Leo der Mathematiker, der im Byzanz Kaiser Theophilos (829 – 842 n. Chr.) lebte, hatte von Loulon bei Tarsos an der kilikischen Pforte bis nach Konstantinopel eine optische Telegraphenlinie eingerichtet. Sie sollte die Nachricht "Die Araber sind ins Land eingefallen" in die Hauptstadt signalisieren. In einer Handschrift über das Militärwesen von 1568 widmete ihr Verfasser, der Danziger Ingenieur Veit Wulff von Senfftenberg, der Signalübertragung einen ganzen Abschnitt.

---

[45] Feldhaus, F. M.: Die Technik der Vorzeit, der geschichtlichen Zeit und der Naturvölker, Leipzig 1914, Sp. 1151

Fig. 15. — Amontons expérimentant son système télégraphique devant le Dauphin, au jardin du Luxembourg, à Paris, en 1690.

Amontons führt dem Dauphin im
Jardin du Luxembourg in Paris im Jahre 1690 sein Verfahren
zur Übertragung von Nachrichten vor.
(Belloc, A.: La Télégraphique historique, Paris 1888)

Er überschrieb ihn mit „Vber veldt verborgenlich schreiben, reden und geheim Wortzeichen geben". Fünfzig Jahre später publizierte ein Malermeister Franz Kesseler aus Frankfurt am Main seine Ideen zur Übermittlung von Nachrichten. In der Schrift „Unterschiedliche, bishero mehrenteils Secreta oder verborgene geheime Künste, deren Erste genannt Ortsforschung dadurch einer dem anderen durch die frei Luft hindurch über Wasser und Land von sichtbaren zu sichtbaren Orten alle Heimlichkeiten offenbaren und in kurzer Zeit zu erkennen geben mag", beschrieb er seine Vorschläge. Dass sich kein Geringerer als Robert Hooke (18. Juli 1653 – 3. März 1703) mit dem Problem, Nachrichten auf optischem Wege zu übertragen, beschäftigte, mag als Beweis dafür gelten, dass die Weiterentwicklung des Nachrichtenwesens zunehmend dringlicher wurde. 1684 unterbreitete er der Royal Society in London einen Plan, nach dem er für die Buchstaben einfache, auf große Entfernungen gut unterscheidbare Symbole setzen wollte. Nach einem solchen Verfahren übermittelte Guilleaume Amontons (1663 – 1705) 1690 im Beisein von Ludwig XIV. Botschaften. Er hatte an die langsam kreisenden Flügel der Windmühle von Belleville nacheinander die Buchstaben eines Wortes gehängt und so eine Nachricht von Meudon nach Paris übermittelt.

Die Zuschauer waren beeindruckt. Im Bericht eines Gewährsmannes an den polnischen Hof hieß es: „Monseigneur hat mir erzählt, dass er sich in Meudon befand und von dort ein Geheimbillett zur Mühle von Belleville und von dort nach Paris schickte. Die Anwort wurde ihm durch Signale gegeben, die man an einem Flügel aufpflanzte und in Meudon durch ein Fernrohr ablas. Diese Signale waren Buchstaben des Alphabets, die nacheinander sichtbar wurden, in dem Tempo, mit dem die Mühle sich langsam bewegte. Sobald ein Buchstabe erschien, notierten ihn die Beobachter auf dem Observatorium in Meudon auf eine Tafel. Der Erfinder betonte, dass man bei steter Vergrößerung der Distanz zwischen Signalen und Feuerschein in kurzer Zeit und mit wenig Kosten eine Nachricht von Paris nach Rom senden könne; doch werden sie mir, glaube ich, zugeben, dass diese Erfindung mehr eine Kuriosität als ein praktisch brauchbares Verkehrsmittel ist."[46] Der Reiz des Verfahrens mag auch andere angeregt haben, ähnliche Lösungen zu erdenken, denn der französische Journalist Simon Nicolas Hénry Linguet beschrieb im Journal de Paris vom 30. Mai 1782 einen optischen Telegraphen, der ihn im Falle eines Falles aus der Bastille heraushelfen könnte.

[46] Weber, K. v.: Aus vier Jahrhunderten, Bd. 2, Leipzig 1858, S. 474

Im letzten Drittel des 18. Jahrhunderts hatte das Postwesen im Hinblick auf die Beförderungsgeschwindigkeit seine für diese Zeit äußerste Grenze erreicht. Der Botenpost eine raschere Methode zur Seite zu stellen wurde zunehmend dringender. Im hessischen Hanau saß Johann Andreas Benignus Bergsträsser (21. Dez. 1732 – 24. Dez. 1812) in seiner Studierstube und sann über das Problem nach, wie und mit welchen Mitteln Nachrichten sich wohl schneller übertragen ließen. Seine Überlegungen veröffentlichte er 1785 in dem Buch „Synthematographik oder Zielschreiberei". Er hielt eine optische Nachrichtenübertragung zwischen Hamburg und Leipzig durchaus für realisierbar. Aber es blieb bei einem, wenn auch erfolgreichen Versuch am 11. Juni 1786 auf der Linie Feldberg – Homburg – Bergen – Phillipssruhe. Auch wenn es um den Erfinder und seine Erfindung im Deutschland der Kleinstaaterei wieder still wurde, hatte dieser optische Telegraph auf Johann Karl August Musäus (29. März 1735 – 28. Okt. 1787) einen tiefen Eindruck gemacht, denn in der Geschichte „Melechsala" aus seinen „Volksmärchen der Deutschen" (1782 – 1785) schrieb er: „Ihr scharfes Auge erkannte ihn (den Boten- d. A.) schon in der Ferne, und ... er die Gräfin gleichfalls, hob die Brieftasche hoch über sein Haupt, schwenkte sie wie eine Standarte zum Zeichen guter Botschaft.

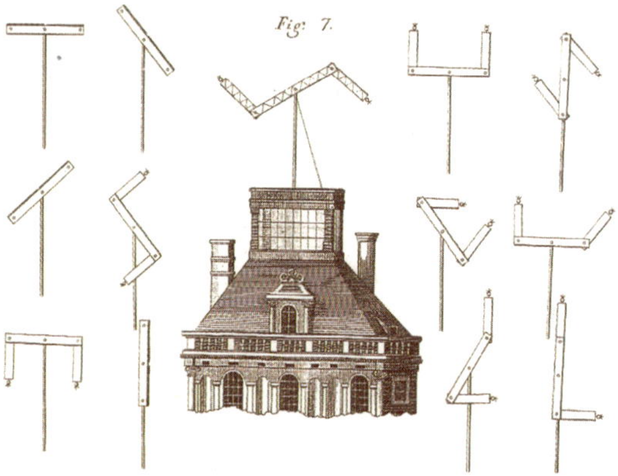

Der Telegraph von Chappe und sein Alphabet
(Edelcrantz, A. N.: Afhandling om Telegrapher,
Stockholm 1796)

Fig: 8.

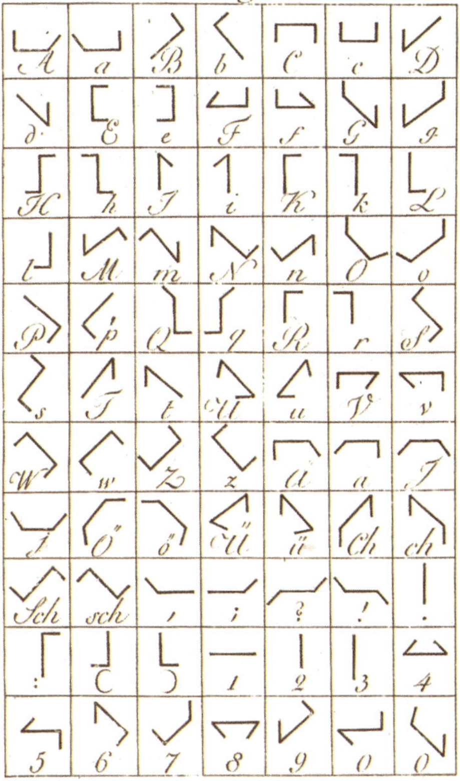
A a B b C c D
d E e F f G g
H h J i K k L
l M m N n O o
P p Q q R r S
s T t U u V v
W w Z z
Ö ö Ü ü Ch ch
Sch sch , ; ? ! .
: ( ) 1 2 3 4
5 6 7 8 9 0 0

Und sie verstand dieses Signal so gut, als wenn der Synthematograph von Hanau dabei im Spiel gewesen wäre.“ Die großen gesellschaftlichen Umwälzungen in Europa, welche durch die französische Revolution von 1789 in Gang gesetzt wurden, brachten auch in der optischen Nachrichtenübertragung den Durchbruch. Das Interesse an einer schnellen Übermittlung von Nachrichten in dieser schnelllebigen Zeit wuchs. Der französische Abbé Claude Chappe de Vert (25. Dez. 1763 – 23. Jan. 1805) machte am 2. März 1791 gegen 11 Uhr gemeinsam mit seinen vier Brüdern jenen denkwürdigen Versuch, welcher der Weiterentwicklung der raschen Übertragung von Nachrichten einen nachhaltigen Impuls verlieh. Er übertrug mit seinem System von Brûlon nach Parcé über 15 km in kürzester Zeit eine Nachricht. Am 22. März 1792 stellte er im Nationalkonvent den Antrag, dass sein zwischenzeitlich verbessertes System in Frankreich auf Kosten des Staates eingeführt werden möge. Nach langen und heftig geführten Debatten im Nationalkonvent und einem weiteren Versuch am 12. Juli 1793, der sehr erfolgreich war, wurde ein Jahr später der Bau der 225 km langen Linie Paris – Lille beschlossen. Über sie wurde jene, für den Konvent in Paris so denkwürdige Nachricht über die Wiedereinnahme Conde's übermittelt.
Die zuerst von Chappe mit „Tachygraph“ bezeichnete

Einrichtung erhielt später den Namen „Télégraphe". Seit dieser Zeit wird der Begriff Telegraphie in der Literatur und in Übersetzungen antiker Werke benutzt. Das hat zu dem Missverständnis beigetragen, schon in der Antike wären Buchstabenfolgen telegraphiert worden. Wie es in so einer Station des optischen Telegraphen aussah, beschrieb C. Meiners in einer kleinen Geschichte „Beschreibung einer Reise nach Stuttgart und Strassburg", die 1801 erschien. „Am letzten Tage unseres Aufenthalts in Strassburg heiterte sich gegen 12 Uhr der Himmel auf eine kurze Zeit so sehr auf, dass wir uns plötzlich entschlossen, den so genannten kleinen Münster-Turm zu besteigen, um den dort aufgerichteten Telegraphen in der Nähe zu betrachten. Diese merkwürdige Maschine war eben in Arbeit, als wir hinauf kamen. Wir entdeckten durch das Teleskop, das zum Telegraphen gehört, zwei andere Telegraphen, wovon der eine zwei, der andere fünf Stunden entfernt ist. Beide Telegraphen meldeten, dass sie nichts Neues zu berichten hätten. Die Zeichen, wodurch dieses und einige andere, täglich vorkommende Dinge angedeutet werden, sind den Telegraphen-Dienern bekannt. Allein den Sinn der meisten Zeichen, welche man die nächsten Telegraphen machen sieht, oder seine Telegraphen machen lässt, wissen die Personen selbst nicht, die bei den Telegraphen angestellt sind.

Sie schreiben ganz genau jedes Zeichen auf, welches der nächste Telegraph gibt und lassen ihre Telegraphen alle die Zeichen ausführen, die man ihnen vorgeschrieben hat. Die beweglichen Teile des Telegraphen werden durch mehrere große Räder in Bewegung gesetzt, welche man durch Speichen oder Handhaben nach Belieben umdrehen kann.
Der Beweger des Telegraphen sieht die Arme dieser Maschine und deren Bewegungen nicht. Allein an der Wand des Zimmers, wo der Telegraphen-Diener die Räder der großen Maschine dreht ist ein kleineres Telegraphen-Modell, das in allen seinen Evolutionen mit dem größeren harmoniert, und an welchem der Beweger erkennen kann, ob er den Telegraphen die Zeichen geben lässt, welche er denselben geben lassen will. Bei heiterem Wetter kann man, vermittelst der Telegraphen, drei Seiten lange Depeschen innerhalb drei Viertelstunden nach Paris befördern und die Antwort darauf zurückerhalten."
Frankreich wurde zum Wegbereiter der optischen Telegraphie und Napoleon ließ 1813 sogar eine Linie von Metz nach Mainz einrichten, um die „die nummerische Schwäche seiner Truppen durch Schnelligkeit auszugleichen."[47]
Der militärische Wert lag auf der Hand. Überall dort, wo es auf eine rasche Übermittlung von Nachrichten

[47] Feyerabend, E.: Der Telegraph von Gauß und Weber im Wachsen und Werden der elektrischen Telegraphie, Berlin 1933, S. 4

ankam, wurde der Telegraph aufgebaut. Gerade in diesen Jahren nach der Französischen Revolution waren die Zeiten in Europa ganz und gar nicht friedlich. 1792 hatte das revolutionäre Frankreich an Österreich und Preußen den Krieg erklärt und damit den ersten Koalitionskrieg begonnen. Es konnte sich in den Auseinandersetzungen nicht nur behaupten, sondern auch Gebiete der südlichen Niederlande besetzen.
Für Großbritannien mit seinen Sicherheitsinteressen war das nicht nur Anlass, in die Kämpfe einzugreifen und sich mit dem Nachbarn mörderische Seeschlachten zu liefern, die am „Glorious first of June“ 1794 bei Quessant zunächst mit einem Sieg endeten, sondern auch Anlass für die Sicherheit der südlichen Küste zu sorgen. Die Angst vor einer Landung der Franzosen auf der Insel war groß. Die ungeschützte Südküste lag direkt vor der französischen Haustür und ließ sich nur schwer auf ihrer ganzen Länge überwachen. Nachrichten von einem bevorstehenden Landungsversuch wären, wenn Boten sie hätten überbringen müssen, in London zu spät angekommen. In dieser für die Admiralität sorgenbelasteten Zeit, kam ihr ein Zufall zur Hilfe. Bei einem französischen Kriegsgefangenen fand man Zeichnungen des Chappeschen Telegraphen.

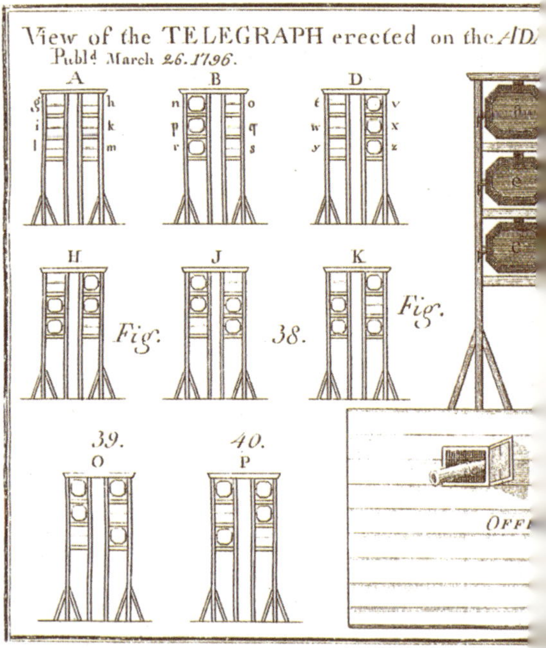

Der englische Küstentelegraph von Lord Murray zwischen London und Portsmouth (1795)

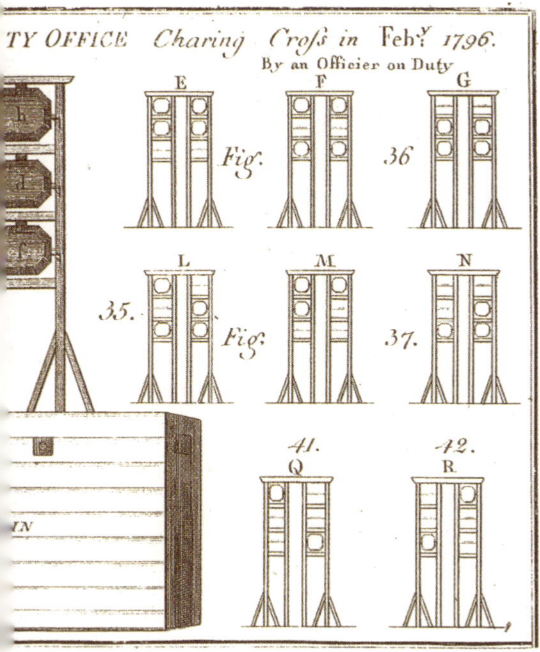

(Edelcrantz, A.N.: Afhandling om Telegrapher
Stockholm 1796)

Der Duke of York als Oberbefehlshaber der Landstreitkräfte erkannte sofort, welchen Wert diese Unterlagen für die Sicherheit des Landes haben und beauftragte John Gamble, einen Küstentelegraphen für England zu erdenken und zu bauen. Im Sommer 1795 errichtete dieser den ersten Telegraphenturm in Portsmouth und machte Unter- suchungen zur erzielbaren Reichweite. Als er Ende August seine Arbeiten abschloss und nach London zurückkehrte, musste er aber feststellen, dass Lord George Murray den Auftrag für die Einrichtung einer Linie erhalten und im Herbst 1795 mit dem Aufbau seiner Sechsklappentelegraphen begonnen hatte. Die Linie führte von London nach Deal und weiter nach Yarmouth, Portsmouth und Plymouth. 1796 nahm sie ihren Betrieb auf. Nun bestand eine direkte und rasche Nachrichtenverbindung von den Flottenbasen entlang der Küste bis nach London. Die Verbin - dung zu den vor der Küste liegenden Schiffen scheint mit Handtelegraphen hergestellt worden zu sein, denn das Frankfurter Staatsristretto vom 17. Oktober 1796 verbreitete die Nachricht: „Am 5. Oktober 1796 wurde von London aus gemeldet, dass auf allen Königlichen Kriegsschiffen so genannte Handtelegraphen eingeführt worden sind, mittels derer die schnellste Kommunikation zwischen einer großen Flotte unterhalten werden kann.“[48]

---

[48] Almanach der Fortschritte der neuesten Erfindungen, Erfurt 1798

Der Küstentelegraph von Lord Murray war bis 1813 in Betrieb. Im nun endgültig erreichten Frieden hatte er als Überwachungssystem für die englische Südküste eigentlich seinen Sinn verloren. Das war aber nicht die Meinung von Admiral Sir Home Riggs Popham. Er reichte 1815 bei der Society of Arts Unterlagen für die Konstruktion eines neuen Telegraphen ein. Sein Vorschlag brachte ihm nicht nur die Goldmedaille der Gesellschaft, sondern auch die Zustimmung der Admiralität zu dem Projekt. Diese ließ 1816 eine Versuchslinie zwischen ihrem Hauptsitz in London und Chatham errichten und entschied nach der erfolgreichen Erprobung, am 3. August 1818 mit dem Bau der Linie nach Portsmouth zu beginnen. 1822 waren alle Stationen errichtet und bis zum 31. Dezember 1847, 25 lange Jahre lang, diente die Linie der Küstenüberwachung, bis ein elektrischer Telegraph sie ablöste. Als am 26. März 1849 die Times mitteilte, dass die Station in Portsmouth nun endgültig eingestellt worden sei und nur einer der Signalmänner als Ausguck zur Sicherung des Turms und zur Wartung der Maschine zurückblieb, ging nicht nur ein Kapitel der Küstentelegraphie zu Ende, sondern auch manche Begebenheit am Rande wurde zur Erinnerung. So hatte eines Tages der diensthabende Offizier auf der Station Naze Point an die Admiralität die Nachricht abgesetzt, dass er die

Nachbarstation Harwich nicht sehen könne, weil ein Baum in der Blickrichtung läge. Die Admiralität teilte ihm daraufhin mit, dass er ihn fällen solle. Es sei ein Missverständnis, antwortete er darauf, es sei nicht nur ein Baum, sondern ein ganzer Wald. Die Navy kaufte den Wald und ließ alle Bäume fällen.

Wenn versehentlich Falschmeldungen über den Küstentelegraphen liefen, konnte das schon größere Auswirkungen haben. Eines Tages sendete Harwich das Signal: „Der Feind versegelt von Texel." Diese Nachricht wurde in Hollesley aufgenommen und löste Alarm aus. Admiral Lord Beauclerk stach mit seinen Schiffen in See und nahm Kurs auf Texel. Es war blinder Alarm, die feindliche Flotte war nicht ausgelaufen. Die Admiralität reagierte vergleichsweise milde mit dem Hinweis, der Offizier solle beim nächsten Mal etwas sorgfältiger sein.

Auf der Station St. Mry'a auf Scilly Island in der Nähe von Newford gab der diensthabende Leutnant Signale für die Schmuggler durch. Das ging zu weit. Der Leutnant musste vor dem Kommandanten in Plymouth erscheinen, wurde gemaßregelt und die Station einen Monat später geschlossen. Das Semaphor von Popham bestand aus einem Mast mit zwei übereinander angeordneten schwenkbaren, 12 ft. langen Armen, von denen jeder in sechs definierte Stellungen gebracht werden konnte. Die Einstellungen des oberen Armes hatten die Ziffern 1 bis 6 und die des unteren Armes die Buchstaben A, B, C, E, F, G. Mit Kombinationen aus Ziffern und Buchstaben wurden im Signalbuch Buchstaben, Worte und Sätze verschlüsselt.

Horizontale Stellungen der Arme des Telegraphen hatten eine besondere Bedeutung. Wurde beispielsweise der obere Arm nach links ausgestellt, hieß das „Achtung“, wurde er dagegen nach rechts ausgestellt, war das das Zeichen, dass nun der Schiffsname telegraphiert wird. Zeigte aber der untere Arm nach links, hieß das, es folgen Buchstaben, wies er nach rechts, wurden Ziffernfolgen gesendet. Sollte ein Wort ausgestrichen werden, zeigten beide Arme in die linke Richtung, wiesen beide Arme nach rechts, folgte die Kennung der Semaphorstation.

Für den praktischen Telegraphenbetrieb mit Schiffen war der Pophamsche Telegraph aber denkbar ungeeignet, denn dem Flaggencode mit zehn Flaggen sowie Ein- und Mehrflaggensignalen stand der Code des Semaphor mit zwei Armstellungen gegenüber. Auch das Bordsemaphor, das als Ausweg aus dem Dilemma eingeführt worden war, hatte durch seine komplizierte Bauweise die Abwicklung der Nachrichtenübermittlung nicht einfacher gemacht.

Darstellung des Königlich-
Schwedischen Telegraphen auf Siegeln
(Rijsberg, N. J. A.: Svenska Telegrafverket, Göteborg 1938)

KONGL. TELEGRAF INRÄTTN.

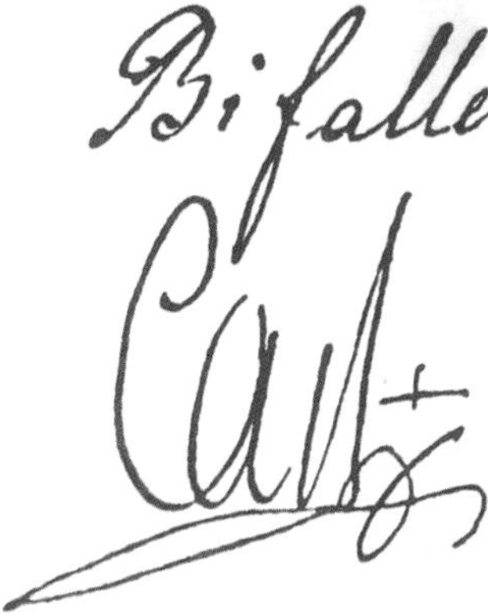
Bifalles

Sir Charles William Pasley, der 1798 die Königliche Engineers besucht hatte und sich als Ingenieur für alle Fragen der optischen Telegraphie interessierte, kam zu dem Schluss, dass ein Semaphor mit zwei Armen und einem Drehpunkt vollauf genügen und die Übermittlung von Signalen wesentlich erleichtern würde. Es wären 28 eindeutig unterscheidbare Winkelstellungen möglich, denen die Signalbuchinhalte zugeordnet werden könnten.

Am 26. Oktober 1822 ordnete Vizeadmiral Sir Benjamin Hallowell an, dass alle seine Schiffe mit „Pasley"-Semaphoren ausgerüstet werden müssen und vier Jahre später, 1826, entschied die Admiralität, den Telegraphen und das dazugehörige Signalbuch generell in die Marine einzuführen.

In Frankreich war der Wert des Küstentelegraphen für eine Korrespondenz mit der vor der Küste liegenden Flotte schon länger erkannt worden. „Der Telegraph wird vereinfacht und mit der Marine verbunden. Die politischen Änderungen haben das Direktorium veranlasst, am 20. Messidor einen Beschluss zu fassen, wodurch das Department des Telegraphen dem Kriegsminister genommen und dem Minister der Marine übertragen worden ist, meldeten die Allgemeinen Geographischen Ephemeriden im Dezember 1798."[49]

[49] Ebenda, Erfurt 1800

Andere Küstenländer folgen dem Beispiel Großbritanniens und Frankreichs. In Schweden war es Abraham Niclas Edelcrantz, der im September 1794 mit dem Bau eines optischen Küstentelegraphen begann und am 1. November 1794 anlässlich des Geburtstages des schwedischen Königs die erste Nachricht über eine Entfernung von 30 km zwischen Stockholm und Drottingholm übertrug. Drei Monate später, am 30. Januar 1795 bestand auch eine Verbindung zwischen der Festung Vaxholm und dem Katarina Kirchturm. Das Gebiet der Schären um Stockholm wurde allerdings erst 1836 in das Netz einbezogen und 1837 bis nach Furusund, 70 km nördlich von Stockholm, ausgedehnt. Bis 1876 versah der Telegraph seinen Dienst, dann wurde auch das letzte Stück, die Linie nach Landsort stillgelegt.
In Dänemark gab es trotz seiner langen Seegrenzen, Vorbehalte gegen einen Küstentelegraphen, denn Lorenz Fisker, ein Kapitän der Königlich Dänischen Marine, der 1796 der Admiralität einen entsprechenden Vorschlag vorlegte, stieß zunächst mit seiner Idee auf Ablehnung. Erst am 10. Dezember 1799 erhielt er, wahrscheinlich wegen der unsicheren politischen Lage in Europa, den Auftrag, einen Küstentelegraphen einzurichten.

Der dänische Telegraph von Lorenz Fisker auf einem Kupferstich, der die Seeschlacht vor Kopenhagen am 2. April 1801 zeigt. (Københavns Bymuseum)

Den danska telegrafen 185

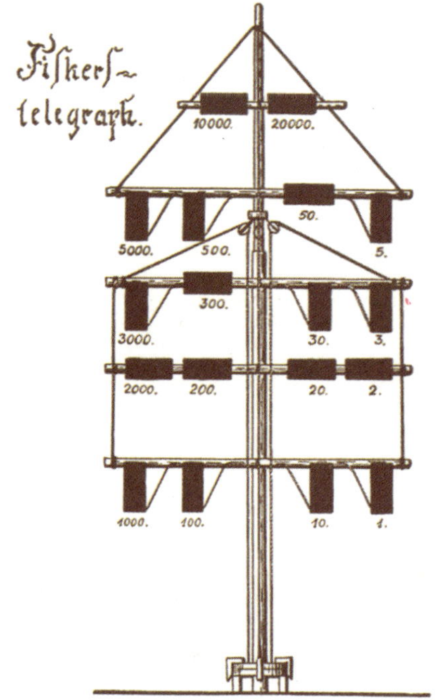

Fishers telegraf.
Efter F. Beutlich, Norges Sjøvæbning 1750—1809.

Fisker's Telegraph

Ein Jahr später, 1800, wurde mit dem Bau einer Linie begonnen, die von der Batterie Quintus in Kopenhagen ausgehend entlang des Öresunds verlief. Der Telegraph war gerade fertig geworden, da begann die Beschießung von Kopenhagen. Das Semaphor bestand aus einem Maste mit 5 Rahen, an denen sich 18 Klappen befanden, mit denen 42 221 Signalinhalte verschlüsselt werden konnten.
In diesen Jahren wurden Küstentelegraphen als wichtiges Nachrichtenverkehrsmittel für die Marine in vielen Ländern errichtet. In Spanien bestand ab 1800 eine Linie zwischen Madrid und der Hafenstadt Cadiz, und 1803 nahm der französische Küstentelegraph seinen Betrieb auf. Im August 1809 wurden Semaphorstationen auf den Kanalinseln errichtet und die 1810 von Napoleon eingerichtete Linie von Mailand nach Venedig mit einem nördlichen Abzweig nach Triest und nach Süden bis zur Grenze des Kirchenstaates sicherte die Adriaküste der eroberten Gebiete. Als 1815 die französische Herrschaft auch in Italien zu Ende ging, diente die Linie für die Warnung vor Überfällen der Korsaren. Die Seeräubergefahr war so groß, dass man sich nur durch höchste Wachsamkeit schützen konnte. Überall tauchten plündernde Horden auf. Der Hafenkapitän von Ancona ließ die Telegraphentürme mit Wachposten besetzen, die frühzeitig warnende

Auf dem Hinterglasgemälde „Französische Korvette segelt in den Hafen von Ostende, 1814“ von Wenzeslaus Wieden ist deutlich die Semaphorstation und der Signalmast für Flaggensignale zu erkennen. (National scheepvaartmuseum, Antwerpen)

Signale abgaben. 1823 weihte der Vizekönig Mohamed Ali von Ägypten den optischen Telegrafen zwischen Alexandria und Kairo ein, und Großbritannien begann mit dem Bau einer 336 englische Meilen langen Linie zwischen Kalkutta und Benares.

All diese optischen Telegraphenlinien wurden vom Staat errichtet und dienten vorwiegend der Marine. Eine Linie für kommerzielle oder merkantile Zwecke, privatwirtschaftlich zu betreiben, barg immer noch ein unkalkulierbares Risiko. Die Rentabilität war mit vielen Unsicherheitsfaktoren behaftet. Dennoch unternahm 1827 der aus der Navy ausgeschiedene Leutnant, Barnard L. Watson, den Versuch, in diese Marktlücke einzusteigen und er richtete zunächst eine Linie zwischen London und den Downs ein. Der Betrieb muss sich gerechnet haben, denn 1842 erweiterte er sein Netz und übernahm einen Signalturm nahe der London Brighton und South Coast Railway Station. In der Folgezeit bezog er auch Stationen auf Forest Hill, Knockholt, Wrotham Hill und Bluebell Hill in sein System ein. Da diese Streckenführung nicht mit der Linienführung der Admiralität zusammenfiel, konnte er Nachrichten übermitteln, die von der Admiralität nicht weiter befördert werden konnten. So signalisierte er über sein Streckennetz im Juni 1842 die wichtige Nachricht über die Rückkehr der Königin Victoria und

Mechanics' Magazine,

MUSEUM, REGISTER, JOURNAL, AND GAZETTE.

No. 109.] SATURDAY, SEPTEMBER 24, 1825. [Price 3*d*.

"To industrious study is to be ascribed the invention and perfection of all those arts whereby human life is civilized, and the world cultivated with numberless accommodations, ornaments, and beauties. All the comely, the stately, the pleasant, and useful works, which we view with delight, or enjoy with comfort, industry did contrive them—industry did frame them."—*Barrow*.

THE SEMAPHORE,

NOW IN USE BETWEEN LONDON AND PORTSMOUTH.

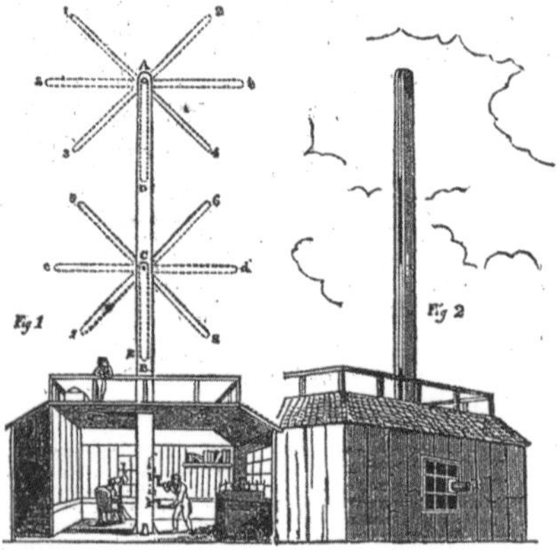

Englischer Küstentelegraph zwischen London und Portsmouth um 1825 auf der Titelseite des Mechanics Magazine vom September 1825

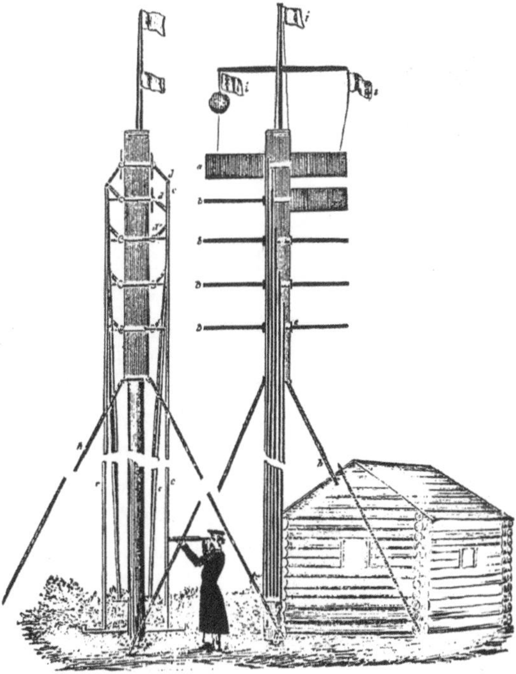

Der russische optische Telegraph an der Küste des Baltischen Meeres, wie er 1855 von einem britischen Reisenden gesehen wurde. (Mechanics Magazine 1855)

des Prinzen Albert von einem Staatsbesuch in Belgien. Die Station South Foreland hatte H. M. S. ARIEL zuerst gesichtet und diese Meldung weitergeleitet. „Er empfing den Dank der Königin Viktoria für die Übertragung eines Berichtes“.[50] Damit hatte er sein Netz auch wirtschaftlich etabliert. Linien von Liverpool nach Holyhead, von Southampton nach St. Catherine's Point und auch entlang der Küste von den Downs nach Sheppey über Deal und Reculvers und weiter nach London gehörten ihm. Das erste Schiff, welches über seine Linien telegraphierte, war die amerikanische NAPOLEON, die am 26. Oktober 1827 Holyhead ansteuerte und deren Telegramm in 15 Minuten Bidston erreichte. Watson's Telegraph bestand aus einem Mast, an dem übereinander drei Armpaare drehbar angebracht waren. Die Schiffe benutzten zwölf Flaggen, vorwiegend aus dem Signalbuch von Marryat, um Watson's Alphabet zu verschlüsseln.

Dass frühzeitiges Wissen über Schiffsankünfte für Reeder und Häfen gleichermaßen wichtig war und Vorteile im überseeischen Handel verschaffte, war eine Binsenweisheit. Stapelplatz und Weiterbeförderung der angelandeten Waren ließen sich besser vorbereiten. Der Zeitgewinn beschleunigte den Warenumschlag und die Vorbereitung der nächsten Reise.

---

[50] Mead, H. P.: The story of the semaphore, Mariner's Mirror 20 (1934), S. 221

„Ansicht eines Militärtelegraphen bei Varna, 1829“
Gemälde von M. N. Worobjew (1787 - 1855)
(Katalog „Schifffahrt und Kunst aus Russland“,
Art maritime 1995)

Ansicht der Telegraphenstation an der London Bridge für die Linie zu den Downs, die als erste kommerzielle optische Nachrichtenlinie gilt und von Watson eingerichtet wurde. (Mariners' Mirror 20 (1934))

So war beispielsweise die Fahrt elbaufwärts von Cuxhaven nach Hamburg lange genug, um diesen Vorteil nutzen zu können, wenn, ja wenn die Nachricht über das ankommende Handelsschiff Hamburg schnell erreichte. Nachdem optische Telegraphenlinien überall dort, wo sie eingesetzt worden waren, rasch ihre Vorzüge unter Beweis gestellt hatten, gab es auch in Hamburg Bestrebungen, das neue Verkehrsmittel für den Hafenbetrieb nutzbar zu machen. Die „Gesellschaft zur Beförderung der Künste und nützlichen Gewerbe" in Hamburg wollte es genau wissen, was dieser französische Telegraph für ein Ding sei. Sie beauftragte 1796 den Domherren Dr. Friedrich Johann Lorenz Meyer, sich in Paris umzusehen und zu prüfen, ob ein optischer Telegraph zwischen Hamburg und Cuxhaven sinnvoll wäre. Der Bericht, den Meyer am 28. Dezember 1796 gab, fiel zwar sehr positiv aus, dennoch konnte sich der Senat nicht dazu durchringen, die Linie bauen zu lassen. Mehr als zwanzig Jahre gingen ins Land bis im Herbst 1818 ein Edward Roß an die Commerzdeputation eine Eingabe machte, in der er um eine finanzielle Beihilfe zum Bau einer optischen Telegraphenlinie auf der schon einmal in Erwägung gezogenen Trasse nachsuchte. Aber wie so oft, wenn etwas auf den Verwaltungsweg gebracht wird, kommt es zu keiner Entscheidung. Die Commerzdeputation

fühlte sich nicht zuständig und verwies den Antrag an die Schifffahrts- und Hafendeputation, und hier blieb das Gesuch irgendwo im Geäst der Bürokratie hängen. Die Linie wurde nicht gebaut.
1836 reichte der Privatmann Johann Schmidt beim Senat das Gesuch ein, ihm die Genehmigung für den Bau einer Semaphorlinie zwischen Hamburg und Cuxhaven zu erteilen. Der Senat entschied positiv und Johann Schmidt rief in einem Rundschreiben zur Zeichnung von Aktien für die Gründung einer Gesellschaft auf, wobei er mit den Worten warb: „Dass eine Telegraphenlinie zwischen Hamburg – Altona und der Elbmündung wesentlichen Nutzen darbieten würde, darf als hinlänglich erforschte Wahrheit vorausgesetzt werden.“[51] In der Berechnung der Wirtschaftlichkeit heißt es: „Da die Genehmigung der Königlichen Regierungen von Dänemark und Hannover zur Errichtung der gedachten Linie bereits erfolgt ist, so wird statutengemäß dazu ein Fond von B. M. 36 000 in 120 Aktien à 300 M. Bco. gebildet, wovon 5/6 oder B. M. 30 000 zum Bau sämtlicher Telegraphen nebst Zubehör und 1/6 oder B.M. 6 000 zum Reservefond dienen.“[52]
Mit sehr viel Optimismus nahm Schmidt im Frühjahr 1837 die Linie in Betrieb, aber schon nach kurzer Zeit zeigte sich, dass wegen der entlang der Elbe häufig

[51] Archiv für Post und Telegraphie 23 (1895), S. 388
[52] Ebenda S. 390

durch Nebel verursachten schlechten Sichtverhältnisse, die Linie nur mit Unterbrechungen arbeiten konnte. Geringe Erträge und zu hohe Betriebskosten führten zu Verlusten. Erst eine verbesserte Organisation setzte die Kosten herab und machte die Linie leistungsfähiger. Ihr Wert für die Hamburger Schifffahrt kam zur Geltung. In der Bilanz von 1844 hieß es, dass Meldungen über die Ankunft von 4 000 Segelschiffen und 328 Dampfschiffen von Cuxhaven nach Hamburg über den Telegraphen übermittelt worden seien. Besonders wichtig war die Linie aber bei der Bewältigung von Katastrophenfällen und im Eismeldedienst. Die Leipziger Illustrierte Zeitung von 1846 schrieb für ihre Leser einen Bericht über den Turm in Hamburg: „... das ist der Telegraphenturm, welcher an der östlichen Ecke des Postgebäudes aufsteigt. Seine Höhe beträgt 150 Fuß; 167 Fuß liegt er über dem Elbflutwasser. Auf der platten Zinne dieses Turmes ist das Signalkreuz angebracht, von dessen Wirksamkeit wir weiter unten berichten werden... Augenblicklich ist die hiesige Station des hamburg – altonaer Telegraphen noch auf dem Baumhause, einem alten Wirtschaftsgebäude im holländischen Stil, welches Meister Hans Hamdan im Jahre 1662 aufführte ...

Die erste Station des Telegraphen von Hamburg nach Cuxhaven befand sich auf dem Baumhaus, wurde 1846 aber auf den Turm des neuen Postgebäudes am Jungfernstieg verlegt. (Museum für hamburgische Geschichte, Hamburg)

Die übrigen telegraphischen Stationen von Hamburg bis Cuxhaven sind: Altona, Kösterberg bei Blankenese, Schular-Hülfsstation, Stade, Klindtsberg bei Hechthausen, Dobrock, Ottendorf, Cuxhaven ... Im Hamburger Adressbuch wird ausführlich von dem großen Nutzen gesprochen, den der Telegraph dem kaufmännischen Publikum erweist ... Der Telegraph signalisiert mittels eines aus drei Flügeln gebildeten Kreuzes, von denen jeder einen vollen Kreis von oben herum beschreibt, welcher in sieben wirkende Teile und einen Ruhepunkt zerlegt ist. Es können durch diese Vorrichtung mittels eines Flügels 21 Signale, durch zwei Flügel 147, durch drei Flügel 343, im Ganzen also 511 verschiedene Signale gegeben werden und selbst lange Sätze leicht mitgeteilt werden."[53]

Aber nicht nur zwischen Hamburg und Cuxhaven lohnte sich ein optischer Telegraph, auch der lange Schiffsweg zwischen Bremerhaven und Bremen, ließ genügend Zeit, Schiffsankünfte mit dem Semaphor zu übermitteln. Wieder war es der Kaufmann Johann Schmidt, der die Initiative ergriff und 1839 beim Senat von Bremen den Antrag auf Errichtung einer optischen Linie stellte. Sie musste über hannoveranisches und oldenburgisches Gebiet geführt werden. Das Genehmigungsverfahren bei beiden Regierungen zog sich hin. Erst 1843 wurde die Erlaubnis zum Bau der Linie

[53] Illustrierte Zeitung Leipzig, 1846, S. 370

erteilt. Sie verlief, die Weser zweimal kreuzend, von Bremen über Oslebhausen, Vegesack, Reckum, Elsfleth, Brake, Dedesdorf nach Bremerhaven. Für die Übermittlung von 12 Worten musste eine Gebühr von 15 Grote entrichtet werden. Eine Schiffsmeldung kostete 36 Grote, wenn ein Dampfschiff aus einem nichteuropäischen Hafen angekündigt werden sollte, musste ein Taler auf den Tisch gelegt werden. Als die Illustrierte Zeitung Leipzig 1846 mitteilte „Am 13. Juli 1846, dem Geburtstage des Großherzogs Paul Friedrich August, kamen die ersten telegraphischen Nachrichten aus dem Oldenburgischen nach Hamburg. Hier wurde diese neueste Ausdehnung des Telegraphen sehr gern gesehen.“[54], war über drei Semaphorstationen eine Verbindung zwischen beiden Linien hergestellt worden und der optische Telegraph hatte wesentlich an Bedeutung gewonnen.
Eine kleine Geschichte, die Ferdinand Gregorius 1853 über den Telegraphen auf Capri schrieb, gibt die Stimmung wider, welche die Menschen erfasste, wenn sie in der Ferne, erhöht auf einem Hügel stehend, eine Semaphorstation sahen. „Man kann am Cap Tragara aus der Barke steigen und zum Hügel Tuoro grande hinauf klimmen. Da oben ist es sehr schön wie auf jedem Gipfel Capri’s. Es sitzt aber dort über altem Gemäuer ein Telegraph. Fürwahr, es ist seltsam, dass

[54] Ebenda

fast auf jeder Bergspitze des Eremitenlandes ein Einsiedel wohnt, sei es ein Klausner oder ein Telegraphenwächter. Der vom Tuoro grande sitzt in einem weißen Häuschen. Sein Zimmer hat zwei kleine Fenster, in dem einen steckt ein Fernrohr und in dem anderen auch eins. Nun sitzt der Telegraphos, ein ganz kleiner altertümlicher Mensch, dem vom vielen Gucken die Augen zwinkern, zwischen beiden Fenstern an einem Tisch vor einem großen Register; alle Augenblicke springt er an das Fenster links und guckt durch das Fernrohr, an das Fenster rechts und guckt auch da durch das Fernrohr, dann setzt er sich wieder mit philosophischer Seelenruhe an das Register, sitzt ein Weilchen und läuft wieder an die Fenster und vor die Fernröhre, und so geht es vom Morgen bis zum Abend fort. Sein Hund aber sitzt vor der Türe aufrecht und sieht ohne Ferngläser auch in das Meer. Dies verhält sich nun so. Oben über Anacapri sitzt der Telegraph auf dem Gipfel Solaro in seinem Hause und späht in das Meer von Sizilien, ob und welche „segelbeschwingte“ Schiffe einlaufen. Sieht er nun etwas Merkwürdiges, so sendet er dem Telegraphen auf dem Berg Tuoro eine Botschaft; der schickt sie flugs weiter über die Meer- enge von Capri zu dem Telegraphen von Massa, der über dem Vorgebirge der Minerva sitzt, ein Meereswächter schlummerlos;

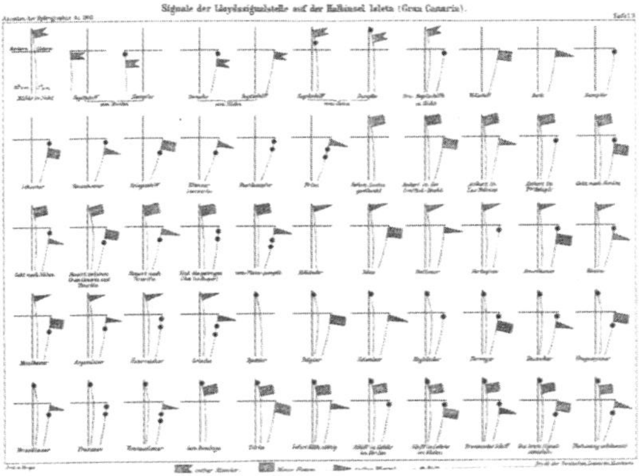

Auch um 1900 gab es noch Signale, die nicht internationalen Bestimmungen entsprachen. Die Lloydsignale auf der Halbinsel Isleta von Gran Canaria signalisierten mit einem roten Stander, einer blauen Flagge, einem roten Wimpel und Ball, welcher Schiffstyp welcher Nation die Insel anlief, wo es ankerte und ob es sich in Gefahr befand. (Annalen der Hydrographie und maritimen Meteorologie, 28 (1900)

der wirft die luftige Kunde flügelschnell weiter nach Castellamare zum zeichenkundigen, luftpostdeutenden Späher; der aber schleudert die Botschaft machtvoll weiter nach dem Castell Sant Elmo oberhalb Neapel; der Späher nun von Sant Elmo befördert die Kunde in das königliche Schloss zu Neapolis. Und so fängt der auf dem Solaro an und ist der eigentliche Urheber von all dieser luftdurchwandernden Botenjagd ... Es war nun Abend geworden. Der Hochwächter vom Solaro gab plötzlich ein Zeichen, der vom Tuoro schickte es nach Massa. Ich fragte den fernspähenden Mann, was er gemeldet habe. „Heute nichts Neues", sagte er vergnügt und zwinkerte mit den Augen, dann packte er seine sieben Sachen zusammen, winkte seinem Hunde und stolperte den Berg hinunter. Er wohnt aber hoch oben in Ana-Capri, und jeden Abend muss er die 560 Stufen der Felsenstiege hinaufklettern. Des Morgens kommt er wieder 560 Stufen herabgestiegen, und weil er nun schon seit zehn Jahren alle Tage bis auf einen Feiertag zu Ostern seine einsame Kunst betreibt, so kann man es mathematisch berechnen, dass dieser merkwürdige Mann schon hundertfache Chimborassohöhen erstiegen hat. Dreißig Groschen aber bekommt er täglich."[55]

Mitte des 19. Jahrhunderts begann die elektrische Telegraphie ihren Siegeszug, und die optischen Land-

---

[55] Gregorovius, F.: Die Insel Capri, Idylle vom Mittelmeer, 1853

verbindungen wurden durch elektrische Leitungen ersetzt. 1852 stellten die Linien zwischen Bremerhaven und Hamburg ihren Betrieb ein, aber die Semaphore in Bremerhaven und Cuxhaven blieben als wichtiges Nachrichtenmittel zwischen Küste und Schiff weiter bestehen. In Frankreich erwog man 1865, die Semaphorstationen von der Küste auf vorgelagerte Inseln zu verlegen und von diesen mit dem Kabelleger DIX DECEMBRE Unterwasserkabel zum Land verlegen zu lassen. Der Küstentelegraph wurde für die Sicherheit der Schifffahrt unverzichtbar, war er doch für das Schiff der erste Ort, mit dem man schon von weit draußen auf dem Meer eine Verbindung aufnehmen konnte. Lloyd's in London ließ in den letzten beiden Dezenien des 19. Jahrhunderts eigene Semaphore an den Küsten Großbritanniens, auf Gibraltar und Malta, am Ufer des Bosporus, bei Port Said und auf Teneriffa aufstellen.
Die Internationalisierung des Signalverkehrs mit Semaphorstationen wurde zu einer vordringlichen Aufgabe, und so wurden im Internationalen Signalbuch auch einheitliche Semaphorsignale vereinbart. Nach dem Telegraphenvertrag von Petersburg 1875 durften Schiffe mit Küstentelegraphen auch Telegramme wechseln und diese sie landseitig weiter befördern.

Schiffe, die beim Passieren einer Seetelegraphenstation, wie die Semaphorstation nun hieß, ihr Unterscheidungssignal zeigten, wurden telegraphisch dem Reeder gemeldet.

In Deutschland bestanden um 1900 die Seetelegraphenstationen: Borkum (Leuchtturm), Feuerschiff Borkum (Riff), Wangerooge, Hoherweg-Leuchtturm, Rothersand-Leuchtturm, Helgoland, Bülk Marienleuchte, Arcona und Rixhöft.

Als 1927 die Weltfunkverwaltungskonferenz in Washington ihre Arbeit aufnahm, um die internationalen Regelungen im Nachrichtenverkehr an die nach dem Ersten Weltkrieg eingetretenen technischen Gegebenheiten anzupassen, wurden die Semaphorsignale im Internationalen Signalbuch gestrichen. Der Seefunk hatte den optischen Nachrichtenverkehr endgültig verdrängt und die kleine Geschichte „Der Chappe'sche Telegraph am Ende seiner Tage", die Eugéne Pelletan 1876 schrieb, klingt schon wie ein vorgezogener Nachruf auf das Ende der Semaphore. "Wer von uns Männern einer anderen Generation erinnert sich nicht, in seiner Jugend diesen stummen Gesprächsführer gesehen zu haben, der, auf einem gotischen Turme sitzend, in der Luft Zeichen machte, um seinen Nachbar zu befragen und ihm von einer Höhe zur anderen eine Vertrauensnachricht der Staatsgewalt mitzuteilen? Der Telegraph hatte damals die unschöne Gestalt eines Windmühlen-Flügels. Jeder Winkel und jede Biegung glich jenem; der bequemte sich dazu, gut zu arbeiten, weil jeder gute Bürger seinem Vaterlande dienen soll. Er schien indessen mit Unlust zu arbeiten; beim mindesten Vorwande legte er den Kopf unter den Flügel, um zu schlafen. Der Chappe'sche Telegraph schien die Ahnung seines nahen Endes zu haben. Er fühlte, dass er im Allgemeinen nichts anderes als ein Gliedermann war, den man mit dem Bindfaden zog. Ein Mann, welcher durch die Öffnung eines Fernrohres sah, beobachtete die Bewegung seines Gegenüber und übertrug sie auf ein Stück Papier; er zog auch seinerseits den Bindfaden des Gliedermanns, um die Bewegung zu wiederholen und so weiter bis in's Unendliche ... Bisweilen erhielt man in Paris eine so abgefasste Nachricht: ‚Eine Schlacht ist geliefert.' ‚Durch die Nacht unterbrochen.' ‚Zwischen dem Sultan und dem Pascha von Aegypten ...' ‚Durch den Nebel unterbrochen ...' Acht Tage danach erfuhr man durch den Telegraphen ein Ereignis, das man schon durch die Post erfahren hatte."[56]

[56] Löper, C.: Stammbuch der neueren Verkehrsmittel, Lahr 1881

Signalgast und Winkflaggen

Welcher Mensch unterstützt nicht seine Rede mit Gesten und Gebärden, wer nimmt nicht Handbewegungen und Mimik zur Hilfe, wenn er etwas zu sagen hat. Beides könnte am Anfang einer Kommunikation zwischen den „homo sapiens" gestanden haben. Auch heute, nach einem evolutionären Prozess, der sich über Jahrmillionen hingezogen und schließlich zum Entstehen der Lautsprache beim Menschen geführt hat, haben Bewegungen mit Armen und Beinen eine für jeden verständliche Bedeutung in der zwischenmenschlichen Kommunikation. Der ausgestreckte Arm als Hinweis „da" oder „dort", das Herbeiwinken und anderes mehr, haben einen Sinn, den jeder versteht. Bei welchem Baugeschehen wird nicht dem Kranführer durch Handzeichen angedeutet, was er tun soll, und wer lässt sich nicht beim Einparken in eine kleine Parklücke gern von einem hilfsbereiten Mitmenschen einwinken. Die Redewendung „Er spricht mit Händen und Füßen" hat auch heute noch ihre Bedeutung.

Und doch ist ein Schema, nach dem der Mensch die Zeichen der Schriftsprache durch ganz bestimmte Stellungen der Arme verschlüsseln konnte, erst verhältnismäßig spät erfunden worden. Eine kleine Sensation war in dieser Hinsicht der 1801 von Abel Burja gemachte Vorschlag, durch angewinkelte Arme

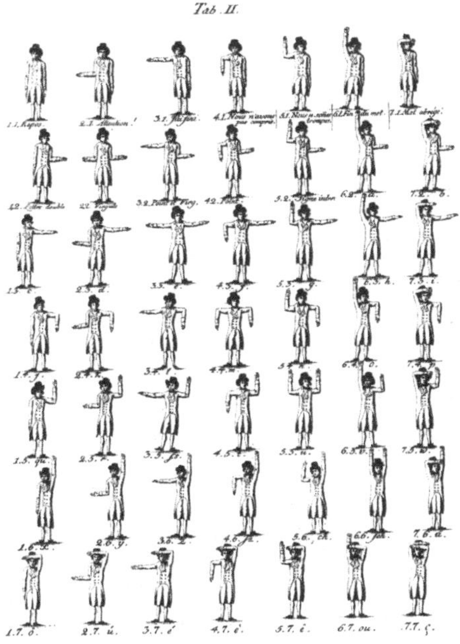

Abel Burja macht am 23. Mai 1799 vor der Königlichen Akademie zu Berlin den Vorschlag, die Buchstaben durch die „Arme des menschlichen Körpers“ zu codieren. (Burja, A.: Telegraphische und grammatikalische Vorschläge, Berlin 1801)

Am 12. Januar 1809 reicht Knight Spencer beim Sekretär der Royal Society of Arts in London seinen Vorschlag für ein Winkverfahren ein. (Transaction of the Royal Society of Arts)

die Buchstaben zu beschreiben ... Der Professor für Mathematik an der Königlichen Militärakademie zu Berlin hatte seine Überlegungen in einer Schrift „Telegraphische und grammatikalische Vorschläge“ niedergelegt und eigentlich nur das zu Papier gebracht, was er schon am 25. September 1794 in einem Vortrag auf der öffentlichen Sitzung der Akademie zur Telegraphie vorgetragen hatte. „Die Telegraphie ist ein Teil der Signalkunst; gleichwohl darf man die telegraphischen Signale nicht mit den gewöhnlichen verwechseln, deren man sich in Kriegen und zur See bedient, und die nicht Worte, sondern ganze Gedankenfolgen, Befehle, Begebenheiten ... darstellen.“[57] Damit brachte er zum Ausdruck, dass für ihn „Telegraphie“ das In-die-Ferne-Schreiben von Buchstaben ist. Den Gepflogenheiten der damaligen Zeit entsprechend, hatte er auch die Buchstaben des französischen Alphabets in sein System einbezogen und damit 49 verschiedene Winkelhaltungen der Arme „konstruieren“ müssen. Für einen praktischen Gebrauch war so ein Code allerdings denkbar ungeeignet.

Aber letztlich war nach der Seeschlacht bei Trafalgar deutlich geworden, dass man nur mit der Übermittlung von Buchstabenfolgen, unvorhersehbare Befehle geben konnte. Mit dem Flaggenalphabet von Popham war das möglich geworden.

---

[57] Burja, A.: Telegraphische und grammatikalische Vorschläge, Berlin 1801

Aber die Zusammenstellung der einzelnen Heiße, ihr Anschlagen an die Flaggleine und das Hissen brauchte Zeit, und die war bei manch taktischen Aktionen einfach nicht da. So blieb als Ausweg nur, die Zeit für das Zusammensetzen und Aussenden der Nachricht zu verkürzen.

Aus dem Jahre 1803 stammt ein kleines Buch „The Telegraphic Book now use in the Navy“, in dem beschrieben wird, wie ein Matrose mit Hut oder Halstuch Nachrichten ohne Zeitverlust übermitteln kann. Allerdings wird nicht der Hinweis vergessen, dass die Gefahr, eine fehlerbehaftete Nachricht zu geben, groß wäre. Es ist aber wohl der früheste, schriftliche Hinweis auf ein Signalisieren mit Winkflaggen. Mit 61 verschiedenen Stellungen ließen sich 26 Buchstaben, zehn Ziffern, elf besondere Zeichen und vierzehn wichtige Sätze übermitteln. Es ist nicht belegt, ob dieses Verfahren in Handelsschifffahrt oder Marine jemals benutzt worden ist. Es ist aber ein Beweis dafür, dass über eine Handsignalisierung durchaus nachgedacht wurde.

Das unterstreicht auch die Mitteilung, die ein Knight Spencer am 12. Januar 1809 an die Royal Society of Arts richtete und in der er schrieb, dass er seit 1798 darüber nachdenke, wie Befehle zwischen den Befehlshabern während einer Schlacht ohne Zeitverlust übertragen werden könnten. Er meinte, dass Armstellungen in 45°-Schritten auch in der Ferne genügend gut zu unterscheiden seien. Mit 15 verschiedenen Stellungen, denen er die 10 Ziffern und die Buchstaben A, B, C, D, E zuordnete, wurden wichtige Befehle verschlüsselt. Übersetzt wurden sie mit Hilfe eines Signalbuchs. Das Verfahren ähnelte dem Anfängen beim Signalisieren mit Flaggen. Buchstaben ließen sich nicht codieren, die Bildung beliebiger Worte war daher auch nicht möglich.

Eine andere Idee hatte John Macdonald, dessen Buch „A Treatise explanatory of a new System of Naval, Military and Political Telegraphic Communication" 1817 erschien. Er wollte für die Übermittlung der Nachricht fünf Personen einsetzen. Drei Personen, die links vom einem „director" standen, sollten die Hunderter, Zehner und Einer, zwei Personen, die auf der rechten Seite standen, nur die Zehner und Einer übermitteln. Signalelemente waren je ein paar quadratische weiße Flaggen mit rotem Rand. Die Ziffernfolgen wurden mit Hilfe eines Signalbuchs entschlüsselt.

Ein Vorschlag von James Spratt wurde 1840 im „Nautical Magazine" beschrieben. Er bildete seinen Zifferncode mit einem oder mehreren weißen Tüchern. Neben den Ziffern 1 bis 9 gab es Zeichen für „Achtung", für "Wiederholen", für „Ja" und für

Der Vorschlag von Leutnant James Spratt R. N. für ein Handwinkverfahren wurde 1840 im Nautical Magazine veröffentlicht. Die Winksignale sollten mit einem weißen Tuch gegeben werden. (Nautical Magazine 9 (1840))

„Nein“, für „Rückfrage“ und für „Ausstreichen“.
Am Grundprizip der Vorschläge für ein Winkersystem änderte sich auch in den folgenden Jahren nichts. Lediglich die Mittel, mit denen die Signale gezeigt wurden, waren andere.
H. Cramer Phillipps, Leutnant der Royal Navy benutzte für die Darstellung der Ziffern 1, 2 und 3 einen Stock und eine Flagge, während die Codeworte für die Ziffern 4, 5 und 6 mit dem Stock und einem Hut gebildet wurden. Ähnlich war auch der Vorschlag, den 1850 Eardley-Wilmot machte. Schwert, Ruderpinne, ein Stock, ein Balken, Handtuch oder Flagge; Hut, Mütze, Ball oder aufgerollte Flagge; Ruder und Bootshaken, all das sollte als Mittel für die Signalgebung dienen. Jedes optische Zeichen hatte eine bestimmt Bedeutung, die erlernt werden musste.
In dem 1852 in den USA erschienenen Signalbuch „The Brachial Telegraph“ hatte Robert W. Jenks eine neue Idee. Er schrieb, dass die Signale der Semaphore eigentlich nur Nachbildungen menschlicher Posen seien. Wenn man diese Überlegung der Signalbildung zugrunde legen würde, müssten sich auch sinnvolle Sätze bilden lassen, wie das Herbeiwinken oder das Abwinken als Ausdruck für „Mach, was du willst“.
Eigenartig ist, dass keiner dieser „Erfinder“ auf die Idee kam, die 26 Buchstaben oder die Ziffern 1 bis 0

durch optische Muster zu verschlüsseln, um in einem zweiten Schritt, die weitere Codierung dem Signalbuch zu überlassen. Es wurden bei den Winkerverfahren die gleichen umständlichen Wege beschritten, wie sie schon bei den Flaggensignalen gegangen worden waren.

Erst der französische Captain Charles de Reynold-Chauvancy entwickelte aus den Zwängen des Krimkrieges 1853 – 1856 ein System von zehn Zeichen, die mit einer Fahne und dem Hut gegeben wurden. Beide wurden unter verschiedenen Winkeln hochgehalten und erhielten so die Bedeutung der Ziffern 1 bis 0. Zwischen den an Land operierenden Truppen und den vor der Küste stehenden französischen Schiffen wurden so Nachrichten ausgetauscht. Der Wert des Verfahrens bei diesen militärischen Operationen wurde nie in Zweifel gestellt.

Den eigentlichen Anstoß, ein wirksames Winkerverfahren einzuführen, gab die Überlegung: wie signalisiert man, wenn das Semaphor an Bord durch Beschuss beschädigt worden ist. Die Bewegung des zweiarmigen Semaphors ließ sich einfach durch Armbewegungen eines Signalgastes ersetzen. Das war die Geburtsstunde des Winkverfahrens mit zwei Signalflaggen.

Im Code Reynold war das Winkverfahren zur
Befehlsübermittlung zwischen der Küste und den auf Reede
liegenden Schiffen vorgesehen.
a) Alphabet
(Code Reynold, Internationale Schiffstelegraphie,
Leipzig 1859)

Code Reynold
b) Praktisches Beispiel
(Code Reynold, Internationale Schiffstelegraphie,
Leipzig 1859)

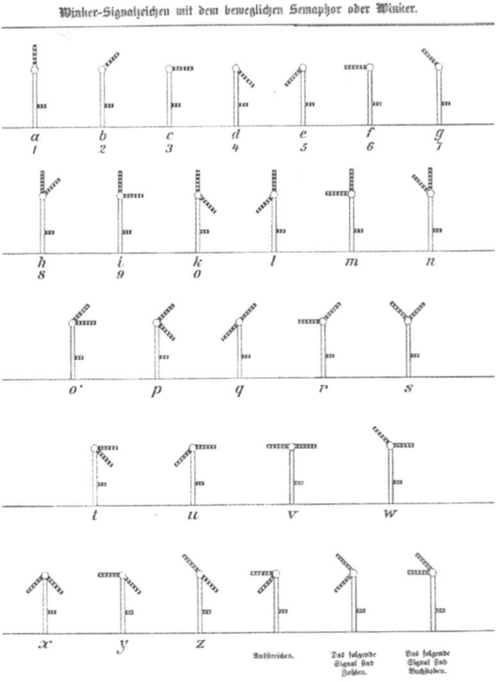

Die Winkersignalzeichen mit dem beweglichen Semaphor aus dem Internationalen Signalbuch von 1901 waren die Grundlage für das Signalisieren mit Winkflaggen.

Anders war die Entwicklung im zivilen Bereich. Der „Commercial Code“, der für die Handelsschifffahrt geschaffen worden war, hatte sein Schwergewicht auf die Signale mit Flaggen orientiert und damit an den Code von Marryat angeknüpft. Erst wenn die Entfernung zwischen den Schiffen zu groß geworden war, traten an die Stelle der bunten Flaggen ein beliebiger Wimpel, eine Flagge und ein Ball. Mit ihnen wurden die so genannten Fernsignale gebildet. Viele Gedanken hatte sich die Kommission wohl nicht gemacht, als sie sich mit dem Handsignalisieren beschäftigte, wohl in der Annahme, dass von Handelsschiffen solche Signale nur selten gegeben würden. Erst in die Überarbeitung des Commercial Code vom Juli 1899 waren auch Winkersignalzeichen, die mit dem beweglichen Semaphor gegeben wurden, aufgenommen worden.
Die deutsche Reichsregierung hatte das Winken mit Flaggen 1894 für die unter deutscher Flagge fahrenden Schiffe in den „Vorschriften für das Signalisieren mit dem Semaphor und mit Winkflaggen“ als verbindlich eingeführt.

Signale von Klippen und an Untiefen

Nebel und Sturm waren und sind noch immer die größten Feinde des Seemanns. Sie gefährden Schiff und Besatzung, sind unberechenbar. Die Gefahr, von einem Sturm überrascht zu werden oder in eine Nebelwand hineinzulaufen, lauert überall. Veränderungen der Wetterlage werden daher von den Schiffsführern aufmerksam beobachtet und manches Schiff konnte nur gerettet werden, weil sein Kapitän in seiner langen Fahrzeit viele Erfahrungen mit Wetterveränderungen hatte sammeln können. Heute erhält der Schiffsführer über die funktechnischen Sicherungssysteme umfangreiche Informationen über die Wetterentwicklung und kann vorausschauend reagieren. Die Wetterkarte, die er jederzeit über Funk empfangen kann, gibt Auskunft über Schlechtwettergebiete und das Radar durchdringt auch den dichtesten Nebel und macht die Küstenlinie mit ihren Klippen sichtbar.

Wie anders sah es noch vor 150 Jahren aus. Tagelang hatte die Brigg bei mäßigem Nordwest auf Heimatkurs gelegen. Der Hafen war nur noch wenige Tagereisen entfernt, der Englische Kanal nahe. Die Luft war klar, aber am Horizont zogen dunkle Wolken auf. Noch hob und senkte eine lange Dünung das Segelschiff. Doch langsam begann sich die Wasseroberfläche zu kräuseln und vereinzelt krönten bereits Schaumkämme die kleinen Wellen. Es lag etwas in der Luft.

Nebelsignalhorn nach einem Vorschlag von 1876
(Dingler's polytechnisches Journal, 221(1876))

Das Barometer war seit Tagen gefallen, ein untrügliches Zeichen für den nahenden Sturm. Rasch wurde alles, was beim ersten Brecher hätte über Bord gehen können, gelascht. Und dann brach das Unwetter auch schon los. Blitze zuckten vom Himmel, Brecher schossen über Deck. Das Schiff wurde in der wilden See hin und her geworfen, bis es den Kampf aufgab oder der Sturm seine Kraft verloren hatte.
Nicht weniger gefährlich war aufkommender Nebel, besonders in der Nähe der Küsten. Urplötzlich breitete er sich über dem Wasser aus, umgab das Schiff wie Watte. Wie weit war die Küste noch entfernt, wo lag die Untiefe, deren Bake bei klarem Wetter weithin zu sehen war. Nur vorsichtig konnte sich das Schiff unter ständigem Loten vorwärts tasten. Doppelter Ausguck an der Back, um eine Gefahr rascher zu erkennen, bis die Sicht wieder besser wurde. Steilküsten sind besonders heimtückisch. Der von See kommende Wind reißt feinste Wassertröpfchen aus der Oberfläche des Ozeans. Sie kondensieren beim Aufsteigen an der Küste und hängen als dichte undurchdringliche Schwaden an den Kanten der Klippen. Leuchtfeuer, die hätten warnen könnten, sind nicht zu sehen, ihr Licht verschluckt dieser dichte Nebel. Auf See aber wölbt sich über dem Schiff ein klarer Sternenhimmel. Mit dem Mond im Rücken sah es so aus, als ob vorn unend-

liche monddurchschimmerte Weiten lägen, bis die plötzlich am Bug sichtbar werdende Brandung die gefährlich nahe Küste anzeigte. Dann war es zu spät.
„So wurde der von Ostafrika heimkehrende Dampfer KURFÜRST ins Verderben gelockt. Am 5. Mai 1904, kurz nach 2 Uhr nachts rannte er gegen die achtzig Meter senkrecht aufragende Mauer der spanischen Küste bei Kap St. Vincent. Das auf der Landecke stehende Blitzfeuer ist bei sichtiger Luft auf 25 Seemeilen und weiter sichtbar. Draußen auf See war's klar, hell leuchteten die Sterne – die Felskante verhüllte der tückische Nebel. Der vorzüglichen Disziplin und dem seemännischen Können der Besatzung gelang es, die Passagiere ohne eine einzige Ausnahme sicher und unverletzt zu landen, an dieser Steilküste eine Leistung von hohem Wert. Schon am folgenden Tag brach das schöne 5 654 Tonnen große Schiff auseinander und ging gänzlich verloren."[58]
Akustische Signale waren bei Nebel die einzige Möglichkeit, vor einer Gefahr zu warnen. Alfred Canning erprobte 1829 eine Boje, an der er eine Glocke angebracht hatte und die zunächst eigentlich nur in Tätigkeit treten sollte, wenn das Feuer erloschen war, damit auch nachts die Boje weiter ihre Lage mitteilen konnte.

[58] Schmidt, F.: Schiffe und Schicksale, Berlin 1943, S. 102

Sieben Jahre später, 1836, machte das Nautical Magazine darauf aufmerksam, dass ein Mr. John Redhead in Camberwell vorgeschlagen hatte, eine Glockenboje an gefährlichen Punkten auszulegen. Die erste Glocke mit Maschinenbetrieb und „kontinuierlichem Schlag" wurde dann 1841 zu Maplin Lighthouse an der Themse verankert. Aber die Glockenboje war nur ein erster Schritt zu einem wirksamen Warnsystem bei Nebel.
In der ersten Hälfte des 19. Jahrhunderts hatten die Schiffsverluste auf dem Atlantik, besonders aber an den atlantischen Küsten Europas so dramatisch zugenommen, dass weder die Reeder noch die Versicherer tatenlos dieser Entwicklung zusehen konnten. Dass akustische Signale bei Nebel das Einzige waren, was auf gefährliche Klippen aufmerksam machen konnte, war nicht neu. Da sie aber schon weit vor der Küste zu hören sein sollten, musste ihre Laustärke beträchtlich sein. Und hieran waren alle bisherigen Versuche zunächst gescheitert.
Erst als 1851 C. L. Daboll das Nebelhorn erfand, schien eine Lösung gefunden worden zu sein. Dieses Horn bestand im Wesentlichen aus einem 2 – 3 m langen trichterförmigen Schallrohr, das am unteren Ende in ein klarinettenförmiges Mundstück auslief und am oberen Ende um 90^0 abgewinkelt war. Mit Luft ange-

blasen, war sein Ton weit draußen auf dem Meer zu hören. Aber diese Tatsache allein befriedigte nicht, denn es blieben genug unbeantwortete Fragen. Wie verhält sich der Schall bei Nebel, welchen Einfluss hat der Wind. Versuche, die 1855 in den USA, 1861 in England und 1864 auch in Frankreich begannnen, sollten Antwort auf all diese Fragen bringen. Die Ergebnisse der amerikanischen Versuche waren so beeindruckend, dass die Regierung das Signalsystem mit der Daboll'schen Trompete in den Häfen von San Francisco, Detroit, New London, New Haven, auf der Insel Thatcher, im Hafen von Boston, im Beaver-Tail und in der Narragonset-Bay einführte. Auch die englische Regierung errichtete die ersten Stationen. Sie standen auf der Insel Wight, in Dungeness am Kanal und in Glasgow.

In diesen Jahren häuften sich Veröffentlichungen über die Erweiterung des Netzes von Nebelsignalstationen. „Die schon vor zwei Jahren (1864- d. A.) auf Veranlassung der British Association von Holmes konstruierten Apparate zur Mitteilung von telephonischen Signalen an die Schiffe sollen nach unserer Quelle in der nächsten Zeit an dem westlichen Ende der Insel Quessant eingerichtet werden. Das Signalinstrument besteht aus einer gigantischen Trompete, die vertikal an das Ende eines Gebläses, mit

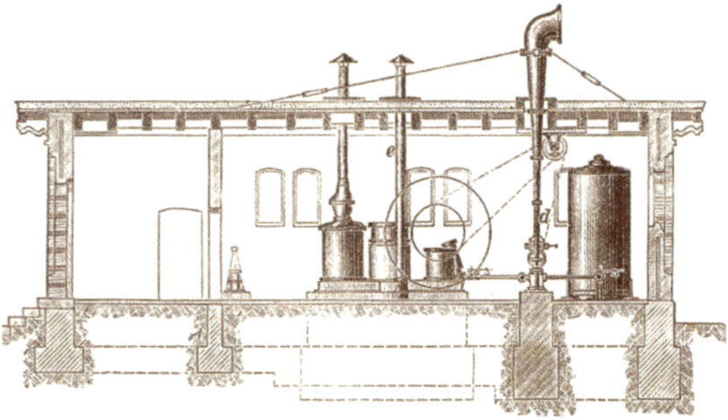

Abb. 14. Längenschnitt.

Querschnitt durch die 1877 erbaute Nebelsignalstation
von Rixhöft (Rozewie, Polen)

der Windlade in Communication stehend, angebracht ist; das Gebläse wird durch zwei Pferde in Tätigkeit versetzt und das Stativ, auf dem die Windlade sich befindet, ist um eine vertikale Achse drehbar, so dass das Signal nach allen Seiten hin, die in einem halben Umkreise liegen, gegeben werden kann. Der Hahn, welcher aus der Windlade der Pfeife die Luft zuführt, ist mit einem Echappement versehen, so dass die Töne zwar unmittelbar, aber durch kurze Intervalle voneinander unterbrochen, aufeinander folgen. Die Töne werden auf 3 bis 4 Seemeilen deutlich gehört; der Apparat wird daher bei nebligem Wetter die sonst gebräuchlichen Lichtsignale ersetzen können."[59]

Diese kleine deutschsprachige Notiz in einer populärwissenschaftlichen Zeitschrift beweist, dass auch in den deutschen Küstenstaaten erkannt wurde, wie wichtig Nebelsignale für die Schiffsicherheit sind. Neben den leistungsstarken Nebelhörnern wurden aber nach wie vor auch verbesserte Glockenbojen eingesetzt. 1866 berichtete Dingler's polytechnisches Journal von einer Glockenboje mit einer elektrisch betriebenen Glocke. Die Boje war über ein elektrisches Kabel mit dem Land verbunden.

Das Problem bei Nebelsignalanlagen war aber nicht nur ihre Lautstärke, sondern auch die Erzeugung der notwendigen Luft für das Anblasen des Hornes. 1869

[59] Dingler's polytechnisches Journal 182 (1866), S. 168

wurde sogar die Heißluftmaschine von Ericson für den Betrieb eines Alarmhornes der Marine benutzt. Obgleich Nebelhörner an den Küsten dazu führten, dass die Zahl der Strandungen zurückging, waren die Schiffsverluste noch immer unerträglich hoch. Wie oft zerschellte ein Schiff bei Nebel an einem Felsen, ohne dass ein Nebelsignal gehört worden war. War das Signal ausgefallen oder gab es gar andere Gründe? Gerade in Großbritannien mit seinen zerklüfteten Küsten kamen solche Fälle immer wieder vor, und so begann man etwa ab 1870 mit einer zielgerichteten Erforschung der Reichweite von Nebelsignalen. „Teils wegen der beständig wachsenden Dringlichkeit der Anwendung von Nebelsignalen, teils wegen der Überlegenheit der in Amerika, sowohl an den Küsten von Kanada wie der Vereinigten Staaten, benützten Nebelsignale wurden in England eingehendere Untersuchungen angestellt.“[60]

Einen spürbaren Aufschwung nahm das Nebelsignalwesen aber erst, als im Sommer 1872 im Auftrag von Trinity House Sir Frederik Arrow und Capt. Webb in die Vereinigten Staaten reisten, um die hier seit langem an der Küste aufgestellten Signaleinrichtungen zu studieren. Besonders wertvoll waren für die beiden die amerikanischen Versuchsergebnisse des Physikers und Sekretärs der Smithonian Institution, Joseph Henry.

---

[60] Ebenda 221 (1876), S. 129

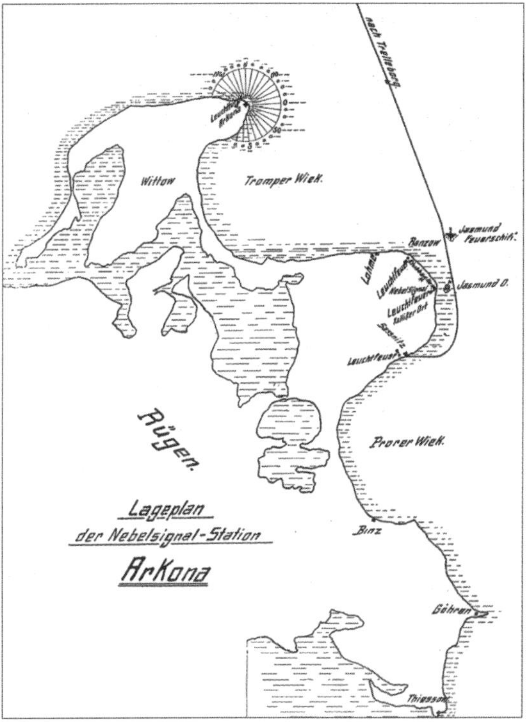

Lageplan der Nebel-Signalstation Arcona
(Schiffbau 16(1914))

„Sie fanden dieselben allgemeiner und systematischer; es sind ja die Nebel in Amerika zu gewissen Zeiten außerordentlich vorwiegend. Sie fanden die Nebelsignale dort ebenso verwendet wie Licht und Bojen bei hellem Wetter; man verlässt sich dort blindlings auf dieselben. Man kann sagen, dass während der Hälfte des Jahres der Nebel an den amerikanischen Küsten das Gewöhnlichste ist, und daher können die Schiffer sich nicht durch ihn zurückhalten lassen."[61]

Während sich Arrow und Webb in den USA aufhielten, wurde mit Unterstützung des Board of Trade eine Kommission gebildet, in der Admiral Collinson die Admiralität vertrat, ein Zeichen, wie wichtig die Lösung des Problems auch für die Navy war. Für die wissenschaftliche Betreuung wurde der Physiker John Tyndall gewonnen, der das grundlegende Konzept für die Versuche ausarbeitete, aber auch ihre Durchführung praktisch unterstützen sollte. South Foreland war als der geeignetste Ort gewählt worden. Endlich, am 19. Mai 1874 begannen die Messungen, die bis zum 25. November dauern sollten. Das erste und wichtigste Ergebnis der Untersuchungen war die Feststellung, dass die Reichweite der Nebelsignale von den verschiedensten Faktoren abhängig ist. Besonders Wassertröpfchen in der Luft reflektieren den Schall oder verschlucken ihn gänzlich. Auch der Wind hatte auf die

[61] Ebenda

Ausbreitung des Schalls Einfluss. Untersucht wurde auch die Tonhöhe. 1878 wurden die Untersuchungsergebnisse, die in den USA bei Messungen in den Jahren von 1865 bis 1877 gewonnen worden waren, im „Annual Report of Board of Regents of the Smithonian Institution for the year 1878" veröffentlicht.
Bei der Untersuchung der verschiedenen Schallquellen hatte man festgestellt, dass die Sirene das bei weitem „kräftigste" Instrument ist, doch wurden als Schallerzeuger weiter Lufthörner und Trompeten benutzt, auch wenn der Knall einer abgefeuerten Kanone mit zu den untersuchten Schallquellen gehörte.
Welche Aufmerksamkeit gerade diese Versuche erregten, zeigte eine Veröffentlichung in der Illustrierten Zeitung Leipzig von 1875: „In Woolwich wurden neuerdings Versuche mit Nebelsignalen angestellt, welche die Kenntnis über diesen Gegenstand bedeutend vermehrt haben. Man hofft durch die Verschiedenheit des Knalls, den explodierende Schießbaumwolle hervorbringt, von dem Knall des Pulvers und durch eigentümliche Konstruktion, der beim Signalisieren verwendeten Kanonen, eine Kombination von Signalen zu gewinnen, durch welche Schiffe bei nebligem Wetter besser als bisher vor drohenden Gefahren gewarnt werden können".[62] Die britische Regierung hatte bis 1873 Mittel in Höhe von 15 475 Pfund Sterling für das

[62] Illustrierte Zeitung Leipzig 64 (1875), S. 254

Nebelsignalwesen bereitgestellt. Bis dahin waren, wenn man England, Schottland und Irland zusammen betrachtete, 32 Glocken mit Maschinenwerk; vier Signalkanonen; sieben Nebelhörner mit Dampfmaschine; 36 Gongs und 14 Glockenbojen errichtet worden.

Ein Ereignis rüttelte die deutschen Behörden wach. 1875 waren an der englischen Küste die deutschen Dampfer SCHILLER und DEUTSCHLAND bei Nebel gestrandet. Das hatte zu amtlichen und auch nichtamtlichen Erörterungen über die Ursachen dieser Katastropehn geführt und dabei war auch das Nebelsignalwesen an der englischen Küste Gegenstand der Kritik geworden. Aber die Stimmen verstummten schnell, denn man musste feststellen, dass ein Vergleich mit deutschen Einrichtungen nicht möglich war, weil an diesen Küsten noch keine Einrichtungen bestanden.

Am 21. November 1875 hielt L. A. Veitmeyer in der Polytechnischen Gesellschaft zu Berlin einen Vortrag über die Errichtung eines akustischen Signals in der Kieler Bucht bei Bülk. Unter seiner Aufsicht war die erste Sirene nach amerikanischem Vorbild aufgestellt worden. Ihre Reichweite betrug 6 bis 12 Seemeilen. Unter besonderen Witterungsbedingungen wurden sogar 16 Seemeilen erreicht. Die Sirene lief mit 2 500 Umdrehungen in der Minute um. Das angeschlossene

Schallrohr war 5 m lang und strahlte den Schall in einem Sektor von 120^0 ab.
Zu den Aktivitäten in diesen Jahren zählten auch die Verankerung einer Glockenboje auf der Außenjade, die Aufstellung eines Nebelsignals in Neufahrwasser im Jahre 1877 und 1879 die Einrichtung einer Nebelsignalstation auf Arcona.
In England war eine besondere technische Leistung in diesen Jahren die Errichtung der Nebelsignalstation auf Alsa Craig, einem gut bekannten Felsen im Firth of Clyde. Er war immer wieder zu einer Gefahr für die Schiffe geworden, die den Clyde verließen. Nun ließen die Comissioners of Northern Lights auf dem 1 140 ft. hohen Felsen zwei Nebelsignalstationen einrichten, damit die ganze Breite des Clyde beschallt werden konnte. Nach dreijähriger Bauzeit wurde die Einrichtung am 17. Juli 1886 in Betrieb genommen.
Trotz vieler Verbesserungen blieb bei den Betreibern ein gewisses Gefühl der Unsicherheit, ob denn die Nebelsignalstationen auch zuverlässig arbeiten würden. 1890 begann daher eine kleine Expedition mit der Untersuchung der Wirksamkeit des Nebelsignals Färder, das in der Mündung des Christiana-Fjords lag. Den Auftrag hatte der Direktor des norwegischen Leuchtfeuerwesens erteilt und als Versuchsschiff war der Dampfer BLINK ausgewählt worden.

„Die Nebelsignalapparate von Färder bestehen aus zwei Sirenen, welche durch die Luft von einem Windkessel geblasen werden, in welchem die Luft mittels eines Pumpwerkes, von einer Kalorikmaschine getrieben, komprimiert wird. Alles steht im Turme. Jede Sirene ist mit einem Trompetenrohre verbunden, und die Mündungen dieser Rohre ragen aus dem Turm hinaus in einer Höhe von 28,5 m über dem Meere. Die eine Trompetenmündung ist gegen N 86° O gerichtet, die andere gegen S 44° W, rechtweisend. Der Apparat ist dermaßen reguliert, dass von der einen oder der anderen Sirene in zwei kurz aufeinander folgenden Stößen ein etwas tieferer Ton einige Sekunden hörbar wird, und zwischen je zwei Doppelstößen ist eine Zeit von etwa zwei Minuten."[63]

Auch Trinity House ließ in der Zeit vom 8. Mai bis 13. Juni 1901 mit verbesserten Apparaten wieder Versuche durchführen. Dieses Mal war als Versuchsort St. Catherine und als Beobachtungsschiff die IRENE gwählt worden. Die Versuchssirene bestand aus einem fest stehenden Zylinder mit Längsschlitzen, durch die Luft oder Dampf in das Innere geblasen wurde und dort auf einen rotierenden Zylinder traf, der mit 240 Umdrehungen in der Minute umlief. Die Reichweite der Sirene betrug 20 sm. Viele Nebelhörner wurden entwickelt. Das holländische Stentor-Horn arbeitete

---

[10] Annalen der Hydrographie und maritimen Meteorologie 20 (1892) S. 85

mit einer Frequenz von 265 Hz und das in Belfast benutzte Barker-Zungenhorn gab einen Ton von 353 Hz ab. Auch die Schalltrichter hatten eine unterschiedliche Form. Bei französischen Nebelhörnern waren sie kurz und lagen horizontal, in den USA waren sie lang, lagen auch horizontal, in England dagegen waren sie vertikal gelagert.

Eine Schwierigkeit bestand aber nach wie vor an Bord bei der Wahrnehmung von Nebelsignalen. Aus welcher Richtung kam eigentlich der Schall. In Belgien erfand E. de Meulenmeister 1905 einen Apparat, der aus mehreren Schalltrichtern bestand, die gegeneinander versetzt um einen Mast herum angebracht wurden. Sie endeten an Hörschläuchen. Nacheinander wurden diese an das Ohr gelegt und der Seemann wählte den Schalltrichter aus, der seiner Meinung nach die größte Energie aufnahm. Über ein Versuchsstadium ist diese Anlage aber nicht hinausgekommen. Das seinerzeit wirksamste Nebelsignal war das 1926 auf der Nordermole in Travemünde aufgestellte Nautophon.

Eine gesetzliche Regelung zum Nebelsignalwesen wurde in Deutschland am 1. März 1904 getroffen. Danach sollte sich die Kennung der Nebelsignale an den Küsten deutlich von den Signalen unterscheiden, welche Schiffe bei Nebel abgeben. Diese Festlegung nahm Bezug auf eine Allerhöchste Verordnung vom

9. Mai 1897. Nach dem Ersten Weltkrieg wurde das Signalwesen neu organisiert. Das Reichsverkehrsministerium erließ am 5. Juli 1927 eine Verfügung „Grundsätze für die Leuchtfeuer und Nebelsignale der deutschen Küsten", in der ausdrücklich darauf hingewiesen wurde, dass Nebelschallsignale in erster Linie der Warnung vor Untiefen und Schiffshindernissen dienen. Ihre Einteilung in solche, die über die Luft, durch das Wasser als Unterwasserschallsignal und solche, die über Funk übertragen werden, deuteten die weitere Richtung der technischen Entwicklung, aber auch das Ende der Schallsignale an.
Wenden wir uns nun dem für die Schifffahrt nicht weniger gefährlichen Sturm zu. Ihm war das Schiff auf See hilflos ausgeliefert und die Gefahr des Kenterns oder Leckschlagens war groß. Wenn das Schiff mit gerefften Segeln nicht mehr gegen die anrollenden Wogen gehalten werden konnte, half nur noch ein Treibanker, um den Sturm überstehen zu können. In der Nähe der Küsten aber bestand die Gefahr, zu stranden, auf eine Klippe aufzulaufen oder an einem Felsen zu zerschellen. Da gab es meist keine Hilfe, denn ein Segelschiff unter wenig Segeln gehorchte nur schwer dem Ruder. Unaufhaltsam konnte der Sturm es gegen die Küste treiben. Ach wenn es doch irgendein Zeichen gäbe, welches rechtzeitig auf die Gefahren aufmerk-

sam machen könnte, Schiff und Besatzung wäre dann wenigstens etwas geholfen.
Die Idee, den optischen Telegraphen für die Sturmwarnung einzusetzen, geht auf den Franzosen Gilbert Romme zurück. Er beschäftigte sich 1793 aber nur ganz allgemein mit dem Problem. Dass Signale, die vor Sturm warnen, eine Hilfe für die Seefahrt sein könnten, machte ein Beitrag deutlich, der 1832 in „Dingler's polytechnisches Journal" veröffentlicht wurde und auf Tagessignale in Frankreich hinwies. „Das Meer bricht sich nämlich, wenn es durch die über den weiten Ozean her streichenden Winde aufgeregt wird, mit solcher Wut an unseren westlichen Küsten, dass man die Eingänge der Häfen nicht zu erkennen vermag; die Schiffe sind daher, da die Lotsen unter solchen Umständen nicht zu ihrer Hilfe auslaufen können, gezwungen, auf die Küste zu laufen, und zwar meistens ohne Hoffnung ihrer Rettung."[64]
Als Alternative wurde vorgeschlagen, an auffallender Stelle an den Hafeneinfahrten einen Flaggenmast zu errichten und Signale aufzuziehen, die den Schiffen das Einlaufen in die Häfen erleichtern sollten. Die Nationalflagge wurde gehisst, wenn ein Schiff in Sicht kam. Hatte das Schiff die Absicht einzulaufen, zeigte es seine Flagge. Als Erwiderung wurde an Land dann die Nationalflagge eingeholt und eine rote Flagge

[64] Dingler's polytechnisches Journal 46 (1832), S. 161

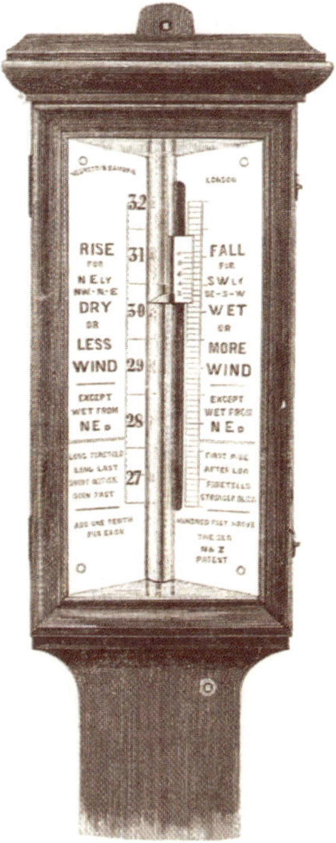

Barometer für Sturmwarnungen nach Admiral Fitzroy
(Lewis, R.: History of the Life-Boat, London 1874)

gehisst, um zu zeigen, dass man verstanden habe. War das Einlaufen zu gefährlich, wurde eine blaue Flagge aufgezogen. Befand sich das Schiff ein Not, sollte es seine Flagge im Schau setzen.
Auch in England beschäftigte man sich mit der Frage, Sturmwarnungen von der Küste aus anzuzeigen, aber es wurde darauf aufmerksam gemacht, dass nicht jeder Hafen seine eigenen Signale einführen kann, sondern das Problem nur mit Hilfe der Regierung zu lösen sei. Im Nautical Magazine von 1837 nahmen die Diskussionen einen breiten Raum ein. Ein Commodore E. Smith von der Royal Navy „erfand" sogar einen Telegraphen, der die Wassertiefe im Hafen angeben sollte. Dann war einige Jahre Ruhe, bis der Meteorologe Karl Kreil in Wien 1842 anregte, den elektrischen Telegraphen zur Übermittlung von Wetterbeobachtungen heranzuziehen. Dass das Kernproblem eines wirksamn Sturmwarnungssystems seine Organisation ist, wusste aber auch er.
Für England mit seiner zerklüfteten Küste war ein Sturmwarnungssystem für die Schifffahrt von größter Bedeutung. Das erkannte auch Admiral Robert Fitzroy, der sich ab 1846 nicht nur bemühte, eine geregelte Organisation für die Sturmwarnungen ins Leben zu rufen, sondern auch als Grundlage für die Sturmvoraussage, die Entwicklung eines geeigneten Baro-

meters anregte. Es wurde von Negretti und Zambra in London entwickelt und an verschiedenen Orten der britischen Küste aufgestellt. Luftdruck und Temperatur wurden gemessen, die Werte gesammelt und für eine Voraussage ausgewertet.

Von den Signalmasten wurden den sich der Küste nähernden Schiffen, die Winverhältnisse signalisiert. Während Fitzroy in England seine ganze Kraft der Einführung dieses Systems widmete, wobei ihn die National Lifeboat Institution unterstützte und besonders bei der Verbreitung seines Handbuchs zum Gebrauch des Barometers half, tagte 1853 in Brüssel der Meteorologenkongress. Seine Teilnehmer regten an, das Wetter weltweit beobachten zu lassen und die Beobachtungsergebnisse zu einer Voraussage zusammenzufassen. Diese Idee war ihrer Zeit weit voraus, denn wo waren die raschen Nachrichtenverbindungen, welche die zeitgleiche Messung von Luftdruck und Temperatur zu einem Auswertezentrum übertragen konnten? Überseeische Telegraphenverbindungen gab es noch nicht, und auch in Europa war das Netz der Telegraphenleitungen noch sehr löchrig. Verständlich war es aber schon, dass diese Idee diskutiert wurde, denn angesichts der rasanten Entwicklung der telegraphischen Verbindungen in den USA, musste über kurz oder lang das weltweite Telegraphennetz entstehen.

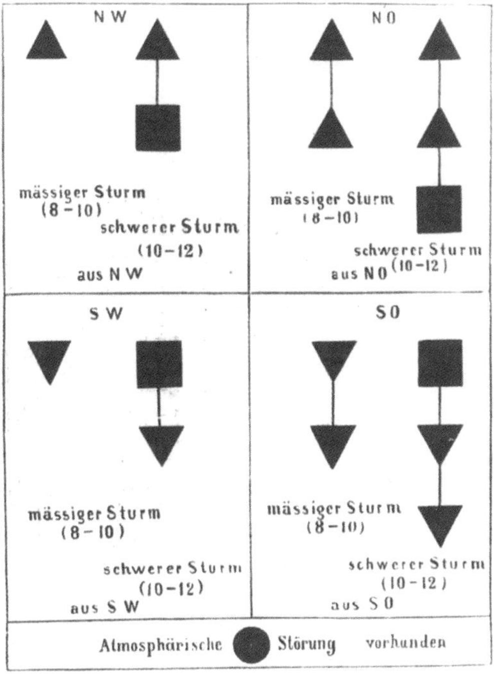

Sturmwarnungssignale der Deutschen Seewarte
(Illustrierte Zeitung Leipzig 68 (1877))

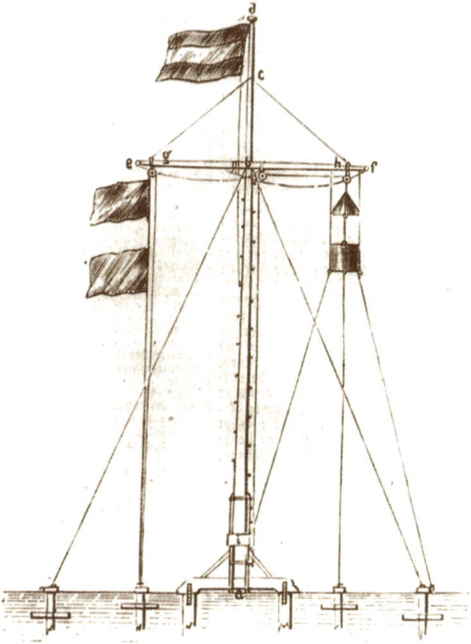

Signalmast.

Eine Flagge, rechtsdrehend (NO. SW. } vermuthliches Umlaufen des Windes.
Zwei Flaggen, zurückdrehend (NW. SO.)

Signalmast

(Illustrierte Zeitung Leipzig 68 (1877))

Als 1858 die erste Seekabelverbindung über den Atlantik hergestellt worden war, konnte an eine Verwirklichung des Projektes gedacht werden.
1856 organisierten Redfield und Loomis in den Vereinigten Staaten das Netz für die Sturmwarnungen. Sie benutzten für die Übermittlung der Messwerte die elektrischen Telegraphen, deren Netz entlang der Ostküste vergleichsweise nahezu lückenlos war. Im gleichen Jahr reichte in Frankreich Le Verrier bei seiner Regierung eine Denkschrift ein, in der er die Einrichtung eines optischen Signalsystems für die Sturmwarnung vorschlug. In diesem Jahr erschien in London aber auch die erste Ausgabe des „Commercial Code of Signals“, das erste Signalbuch für die Handelsschifffahrt, und dieses Buch enthielt auch Sturmsignale und die Barometerkarte von Admiral Fitzroy. Die Sturmwarnungssignale wurden aus Zylinder und Kegel zusammengestellt und an den Leinen eines Signalmastes aufgezogen.
Vorgesehen war, dass die Stationen möglichst in der Nähe der Telegraphenstation aufgestellt wurden, damit auch gleichzeitig die Kommunikation zwischen Schiff und Land durchgeführt werden konnte. Nach und nach verbreitete sich das Fitzroy'sche System an allen europäischen Küsten.

Zunächst verfolgte Frankreich noch seinen eigenen Weg. Der Minister des öffentlichen Unterrichts, Durny, setzte sich 1863 für die Förderung des Sturmwarnungssystems von Le Verrier ein und erwirkte, dass dieser sein System am 24. Juli 1865 vor der Academie Française vorstellen konnte. Doch die Entwicklung war über die französische Bürokratie hinweggegangen und das Fitzroysche System in Europa längst etabliert. Schließlich einigten sich England und Frankreich auf ein einheitliches System der Sturmwarnungen. Im Normalfall wurde der Luftdruck am Morgen und am Abend beobachtet. Nur in außergewöhnlichen Fällen wurden von anderen Häfen zusätzliche Informationen angefordert. Dass dieses System seine Nachteile hatte, wurde bald klar, denn es fehlte die wissenschaftliche Basis für die Voraussagen. Aber die Sturmwarnungssignale waren zumindest eine Hilfe für die Seefahrt. An den deutschen Küsten waren 1876 schon 41 Signalstellen in Betrieb. Ab 1889 ging man von der Schätzung der Windstärke zur Auswertung von Aufzeichnungen von selbstregistrierenden Anemometern über. An neun ausgewählten Orten: Borkum, Wilhelmshaven, Keitum, Hamburg, Kiel, Wustrow, Swinemünde, Neufahrwasser und Memel wurden die Messungen ausgeführt.

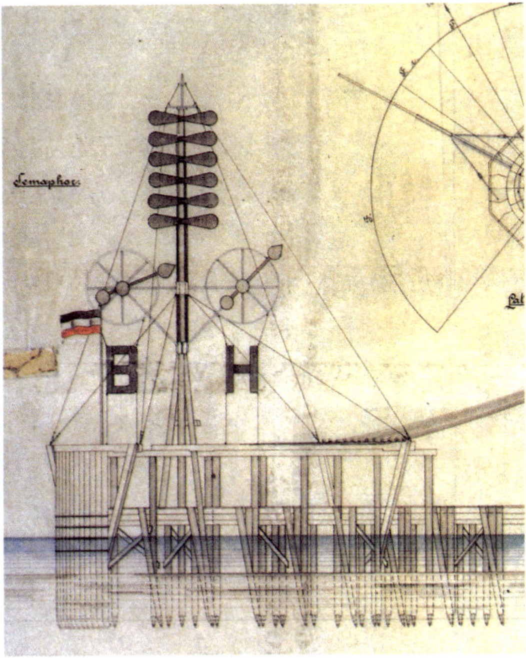

Der Semaphor, der heute noch als technisches Denkmal in Cuxhaven steht, diente als Anzeiger für Windrichtung und Windstärke. Zeigte beispielsweise der linke Zeiger auf „B“, kam der Wind aus Richtung Borkum.

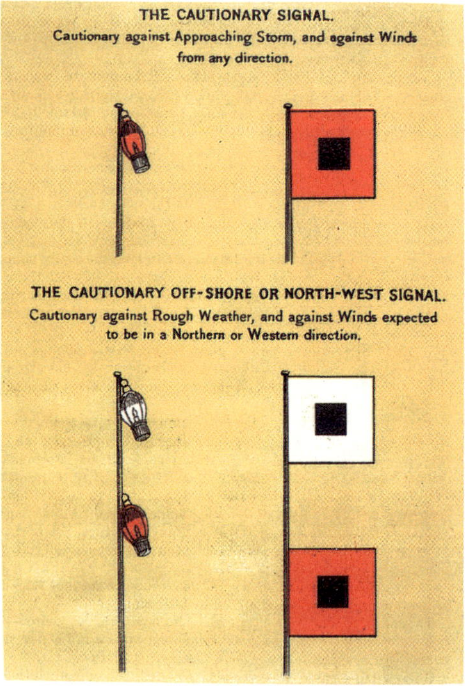

Amerikanische Sturmsignale um 1883
(Official Danger, distress and storm-signals, Washington 1883)

Den um die Jahrhundertwende erreichten Stand beim europäischen Sturmwarnungssystem umriss Prof. Dr. W. J. van Bebber auf der Naturforscher-Versammlung in Lübeck im September 1895 in seinem Vortrag „Das Sturmwarungssystem an der deutschen Küste und Vorschläge zur Verbesserung desselben“. Darin forderte er insbesondere eine Ausdehnung des Warnnetzes nach Westen hin, einen schnelleren Depeschenverkehr, häufigere Informationen und den Nachrichtenaustausch zwischen benachbarten Signalstellen. Schließlich regte er die Herausgabe eines Wetter- oder Sturmatlasses an. Deutlich wurde in dem Vortrag aber auch, dass die Grenzen des Systems erreicht waren. Mehr konnte es mit den vorhandenen technischen Möglichkeiten nicht leisten. Erst durch den Telegraphiefunk und die damit möglich gewordene Einbindung der Schiffe in ein System von Wetterbeobachtungen, wurde eine sehr genaue Wettervorhersage möglich.

Auch wenn Nebel- und Sturmsignale sicher dominierten, gab es Küstenbereiche, wo ganz andere Gefahren lauerten. Ein Blick in die frühen Segelhandbücher zeigt, dass an vielen Hafeneinfahrten von den Gezeiten eine nicht unerhebliche Gefahr für das Schiff ausging. Nur ein rechtzeitig von Land gegebenes Signal, das Auskunft über die Wassertiefe gab, konnte die Gefahr bannen.

Anfang der dreißiger Jahre des 19. Jahrhunderts wurden die ersten „Fluthanzeiger“ eingerichtet und zunächst durch Flaggen, später durch Balkengerüste die Wassertiefe im Hafen angezeigt. Gezeitensignale standen an vielen Hafeneinfahrten. Bis zur Jahrhundertwende veröffentlichten die Seewarten immer wieder Reiseberichte von Schiffen, die ihre Beobachtungen über die Gezeitensignale an wenig befahrenen Küsten so einem großen Kreis von Seeleuten zugänglich machten. Über ganz andere Signale berichtete der Kommandant von S. M. S. NIXE im November 1899. Ihm war aufgefallen, dass im Hafen von Puerto de la Luz auf Gran Canaria „Kohlesignale“ gehisst wurden. Mit den Flaggen des Internationalen Signalbuchs signalisierten die Schiffe bei Ansteuerung des Hafens, von welcher Firma sie Kohle und wieviel sie bunkern wollten. Wurde die Flagge „R“ gehisst, musste die Firma Müller & Co. Kohlen an die Pier bringen, verlangte der Dampfer 40 Tonnen, zog er die Flagge „K“ auf.

Der 1868 in der „Vergleichenden allgemeinen Erdkunde“ von Ernst Kapp vertretene Standpunkt „Die optische Telegraphie ist vor der elektrischen sehr in den Hintergrund getreten, hat aber an ihrer Bedeutung nicht das Mindeste eingebüßt, weil sie dort fortwährend in Anwendung kommt, wo elektrische unmöglich ist, so namentlich im Verkehr der Schiffe

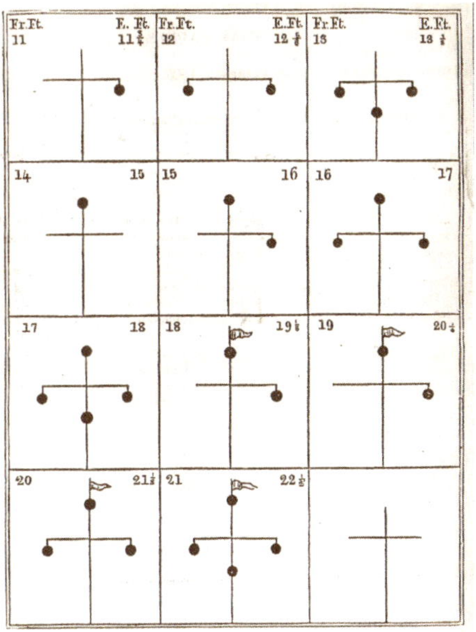

TIDE SIGNALS AT HAVRE,

Showing Depth of Channel at previous High Water, in French and English Feet.

Gezeitensignale im Hafen von le Havre 1837
(Nautical Magazine 6 (1837))

auf der See untereinander und mit dem Lande."[65] galt auch noch um 1900, verlor aber seinen Sinn, als es gelang, mit Hilfe der Funktelegraphie wesentlich rascher Nachrichten zu übermitteln. So war auch das Sturmwarnungssystem mit Sturmball, Kegel oder Zylinder nur so lange von Nutzen, bis sich die funktelegraphische Wettermeldung durchgesetzt hatte.

Auch wenn heute im Zeitalter einer unbegrenzten weltweiten Kommunikation die Signalisierung mit Flaggen antiquiert erscheint und elektronische Warn- und Sicherungssysteme Signalmast und Nebelhorn verdrängt haben, können optische Signale im Notfall von großer Bedeutung sein, und nicht ohne Grund gehört deshalb auch in der heutigen Zeit das Internationale Signalbuch zur Pflichtausrüstung eines Schiffes.

---

[65] Kapp, E.: Vergleichende allgemeine Erdkunde, Berlin 1868

Quellennachweis

Baasch, E.: Hamburger-Convoy-Schifffahrt. Hamburg 1896

Beck, A.: Die Chappe'schen Telegraphen an der Adria. Archiv Post und Telegraphie 63 (1935) 176

Beowulf: Mit ausführlichem Glossar. Paderborn 1879

Burja, A.: Telegraphische und grammatikalische Vorschläge. Mit Kupfern. Berlin 1801

Code-Reynold: Internationale Schiffs-Telegraphie. Leipzig 1859

Commercial Code of Signals. London 1856

Corbett, J. S.: Signal and Instructions 1776 – 1794. London 1908

Davenport, W. S.: Signalling – ancient and modern. Nautical Magazine 76 (1907) 100

Earle, R.: The origin of our signal book. Proc. US Naval Institut (1912)1037

Edelcrantz, A. N.: Afhandling om Telegrapher. Stockholm 1796

Eggers, J. v.: Neues Kriegs- Ingenieurs- Artillerie- See- und Ritterlexikon. Dresden – Leipzig 1757

Erläuterungen zum Verstande der Schiffahrt und des Seekrieges nach alphabetischer Ordnung. Breslau 1774

Figsbee A.: Maritime Flags. New York 1856

Die Post und Telegraphie in Hamburg. Denkschrift zur Einweihung des neuen Reichs- Post- und Telegraphengebäudes am Stephansplatz. Hamburg 1887

Gravière, E. Jurien de la: Nelson und die Seekriege. Leipzig 1847

Gründung der optischen Telegraphenanlage Hamburg-Cuxhaven. Archiv Post und Telegraphie 23 (1895) 387

Herbart, D.: Die Entwicklung der optischen Telegraphie in Preußen. Bonn 1978

Herodot: Das Geschichtswerk. Berlin, Weimar 1985

Heyck, E.: Genua und seine Marine im Zeitalter der Kreuzzüge. Innsbruck 1886

Howeth, L.: History of communication – electronics in the United States Navy. Washington 1965

Hoyer, J. G.: Geschichte der Kriegskunst. Göttingen 1797, 1799

Internationales Signalbuch, Berlin 1901

Internationales Signalbuch, Berlin 1931

Internationales Signalbuch, Berlin 1942

Koester, A.: Das antike Seewesen. Berlin 1923

Lloyd, Chr.: Captain Marryat and the old navy. London 1939

Luebeck, E.: Das Seewesen der Griechen und Römer. Hamburg 1890

Mead, H. P.: The Story of the Semaphore: Mariner's Mirror 19 (1933) 327, 20 (1934) 208, 349

Mead, H. P.: An account of the convoy drill (signal) book. Mariner's Mirror 32 (1946) 42

Moll, F.: Das Schiff in der bildenden Kunst. Berlin 1921

Mountaine, W.: The Seamen's Vademecum and Defensive war by sea,

London 1767
Parker, J. R.: The new semaphoric signal book. Boston 1836
Pedersen, P. E.: Signalering til søs. Marinehistorik Selskabs skrift 24. København 1995
Pemsel, H.: Seeherrschaft, eine maritime Weltgeschichte. Augsburg 1996
Perels, F.: Englische Küsten – Nebelsignale. Archiv Post und Telegraphie 4 (1876) 281
Pigafetta, A.: Die erste Reise um die Erde. Tübingen, Basel 1968
Recueil de planches pour la nouvelle édition du dictionnaire raisonné. Genève 1778
Richardson, G. B.: Allgemeines Signalbuch für die Handelsmarine von dem verstorbenen Captain Marryat. Hamburg 1862
Riepl, W.: Das Nachrichtenwesen des Altertums. Leipzig 1913
Risberg, H. J. A.: Svenska Telegrafverket. Göteborg 1938
Rittmeyer, R.: Seekriege und Seekriegswesen in ihrer weltgeschichtlichen Entwicklung. Berlin 1907
Rohde, L. J.: Fullständigt Signalsystem till bruk för alles nationers Skepp. Stockholm 1836
Rost, G. A.: Vom Seewesen und Seehandel in der Antike. Amsterdam 1968
Seehafen, der geöffnete ... Hamburg 1702
Siegel, R.: Die Flagge. Berlin 1912
Squire, N.: Allgemeines Signalbuch. Travemünde 1820
Telegraphisches Küstenbenachrichtigungssystem in Betreff der Nähe von Stürmen. VDI-Zeitschrift 10 (1866) S. 606

Weise: Der Bremer Telegraphen-Verein. Archiv Post und Telegraphie 35 (1907) 459

West, T.: Naval signals, constructed on a new plan. London 1788

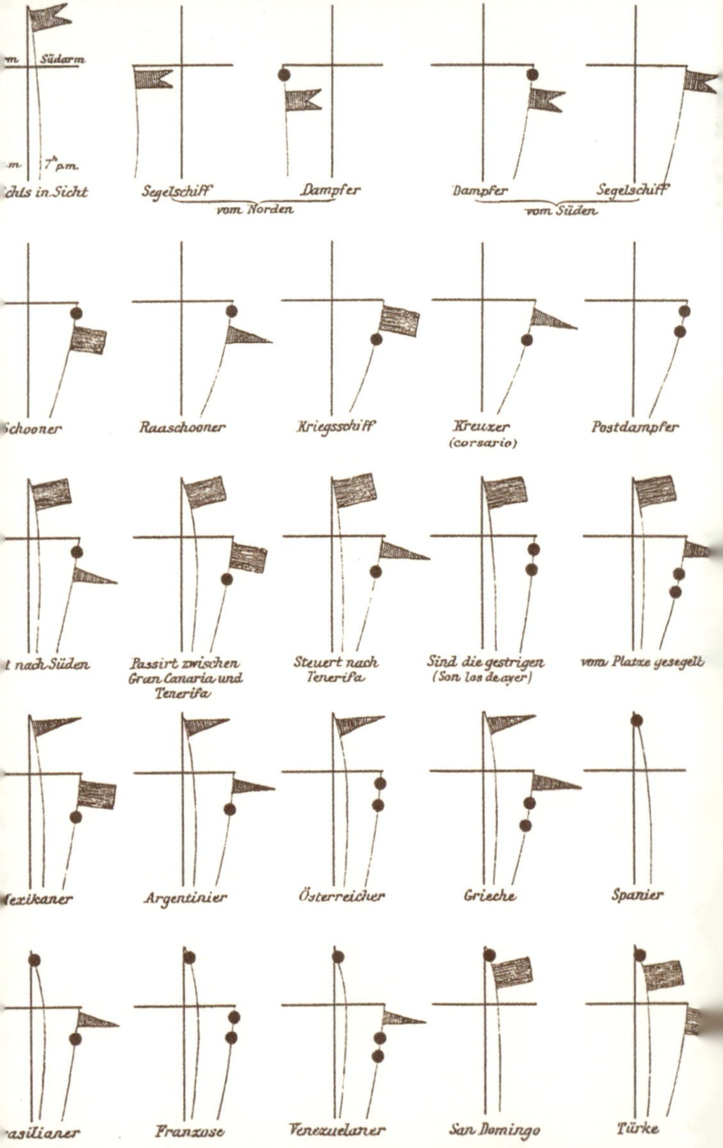

m Südarm
m 7h p.m.
chts in Sicht
Segelschiff
Dampfer
vom Norden
Dampfer
Segelschiff
vom Süden
Schooner
Raaschooner
Kriegsschiff
Kreuzer (corsario)
Postdampfer
t nach Süden
Passirt zwischen Gran Canaria und Tenerifa
Steuert nach Tenerifa
Sind die gestrigen (Son los de ayer)
vom Platze gesegelt
lexikaner
Argentinier
Österreicher
Grieche
Spanier
asilianer
Franzose
Venezuelaner
San Domingo
Türke